小学館文庫プレジデントセレクト

面接の10分前、1日前、1週間前にやるべきこと

海老原嗣生

小学館

はじめに

今までの面接対策本は、むやみにいろいろ詰め込みすぎている——転職の現場に長く携わってきた私は、プロの立場からずっとそう感じていました。

この本は、採用面接で「すぐ実践できること」だけを簡潔に書いています。難しいことや、わかりづらいことは極力省きました。また、一度にたくさんのことを書くと、読んでいる人にはわからなくなってしまうため、基本的に、1つのパートでは1つのアドバイスしかしないようにしています。そして、どのパートも5分あれば読むことができ、10分あれば、理解して自分でも「やってみる」ことができることばかりです。

「うわべだけ取り繕う」ような面接指導も多すぎます。

「面接ではこうすれば人事を感心させられる」というテクニック。たとえば、〝まず結論から言う〟〝論理的に話す〟〝センテンスは短く〟〝イニシアティブをとる〟〝前向きな話をする〟……こんなどうでもいいテクニックが幅を利かせています。

だから、転職者の多くは、「結論から話します。まず、ポイントは3つ」と切り出し、就活学生は、グループインタビューになるとさっと立ち上がり、「私に司会をさせてください」と手を挙げます。その結果、「またマニュアル小僧か……」と面接官はみな、鼻白む思いになっていくのです。そういうのはもうやめにしましょう。

本質――面接で本当にやるべきこと。それを書きました。とても簡単なことです。

この本のつくりで、一番工夫したこと。それは、「今、あなたはどれだけ時間があるか」を出発点としていることです。あなたの持ち時間に応じて、「面接を磨く」方法は変わってきます。10分しか時間がないのか、1日あるのか、1週間あるのか。この持ち時間ごとに「やれること」を分けて書いています。こうすることにより、今のあなたが注力すべきことが見えてきます。

今、もう面接に行く直前だ！ という人にだって、その面接をよりよいものにするためのサジェスチョンはあるのです。「1週間前にこの本を読んでいたら……」。そう嘆かないでください。新卒でも中途でも、たくさんの会社に応募はできるのです。目の前に差し迫った面接で力を発揮できなくても、次に応募する会社で、準備万端にすればいいのです。仕事探しは受験みたいに、「このチャンスを逃すと1年待たねばならない」というわけではないのですから。

目次

特別付録

第1章
10分前でも間に合う面接対策

この章は、時間がないけれど、どうにかならないか、そんな人向けに、土壇場でも間に合う面接対策が書かれています。

というと、「自分の悪い癖を簡単に手直しできるのかな」と思われるかもしれません。申し訳ありませんが、ここにはそんな軽い“技”など書かれてはいません。技と呼ばれるようなものは、10分ではとても身に付かないのです。

それよりも、面接場面を通して常に考えなくてはならない、「一番大きくて重い話」をします。

この章は、読んで、納得して、「ハッ」と思うだけで役に立ちます。

つまり、あなたの面接への臨み方を180度変え、自信を持って面接に臨めるようにするための、「気づき」が主題です。

面接の仕組み＝メカニズムに気づけば、面接力は自然に上がります。

それを頭だけでなく、実感として理解してもらうために、随所に各種「取引」をモチーフとしたクイズを取り入れました。一見、「なんでこれが面接と関係あるの？」と思われるかもしれませんが、面接は、れっきとした「商取引」です。「あなた」という人物が、その「仕事」にふさわしいか、交渉する場、それが「面接」にほかなりません。交渉にはありとあらゆるパターンがあります。想定問答集など役に立ちません。ですからあえて、他の面接指南本ではまずお目にかからないような質問を「クイズ」形式で提示しました。その中に、面接のみならず、あらゆる交渉で使える「本質」を埋め込んでいます。

真剣にチャレンジしてみてください。

1 面接は「商取引」と心得よ

面接メカニズムクイズ①

見ず知らずの3人の女性から急に「あなたの指輪と、私の指輪を交換して」と頼まれました。さて、あなたはどの人の話に対して、「取り替える気持ち」が起きますか？

あなたの持っている指輪は、長年大切にしてきたもので、値段も150万円くらいします。それを、見ず知らずの他人が欲しがっています。次のどの人を選びますか？

①「私はその指輪がとても欲しいんです。これ以上ないくらいに気に入っています。ぜひ、手に入れたい」と、その指輪が**「好きである」ということを、熱意で訴え**

てくるAさん

②「私はそういう指輪をずっと探していました。同じような指輪を持っていたのですが、失くしてしまい、それ以来……」と、**「自分がなぜその指輪が欲しいか」その理由を懇切ていねいに話してくる**Bさん

③「あなたなら、私の持っている指輪の価値もおわかりいただけるでしょう。値段は250万円は下らないはずです」と**自分の指輪の価値を、鑑定書やオークションの取引実績などで示してくれる**Cさん

ここでは、AさんBさんCさんとも、全員正直な話をしていることを前提に答えを考えてみてください。話し方も身なりも怪しいところは全くない、信用できる3人があなたにお願いをしているとします。

そして、あなたの持っている指輪は、とても高価なもの、ということを再確認しておきます。なけなしの貯金で買った150万円くらいする大切なものです。

さあ、あなたはどの人の話を聞く気がするでしょうか？

自分都合か、相手の利益か、で3者を分ける。

もう一度3人の話を整理してみましょう。

Aさん：自分がその指輪を「好きだ」ということを最大のアピールポイントにしている

Bさん：自分がその指輪を「欲しい理由」を最大のアピールポイントにしている

Cさん：「自分の指輪もけっこういいものだ」とアピールしている

どうでしょう。もうおわかりではないですか？

そう、AさんBさんが話しているのはあくまでも、「自分の都合」です。それも、情に訴えているだけ、ということにお気づきですか？

同じ情に訴えるのでも、「明日のご飯に困るので、当面500円だけ貸してください」と言われたら、「気の毒だから、貸してもいいか」と考えるかもしれないですね。ところが今問題となっているのは、そんなはした金ではなく、150万円もする大切な指輪なのです。「自分の都合」と「情」だけで話が進むはずはありません。

そこに気づいてください。

Cさんはいきなり鑑定書など見せてくるため、「ほんとかよ」「詐欺じゃないか」という胡散臭さを感じてしまう危険性はあります。ただ、最初にお話ししたとおり、そうしたインチキはなしで、本当に全員同じように真摯な3人だとするなら。Cさんだけが、交換対象となる自分の指輪の価値を話してくれています。それは「Cさんの都合」ではなく、あなたに対して、「損はしない。いや、得をする可能性が高い」と、あなたの利益獲得可能性を示しているわけです。

指輪と指輪の交換、という商取引の場に、「自分の都合」と「情」を武器に臨んでも意味はないのです。商取引なら交換対象が釣り合う、つまり「相手の利益」をベースに話を進めるのが当然のことなのです。

面接でよく見かけるAさんBさん

さて、ここで「あなたの指輪」を「企業が募集している仕事」とし、「AさんBさんCさんの持っている指輪」を「応募しているあなた」に置き換えてみてください。

あなたという「個人の能力やキャラクター」が「仕事」に釣り合うかどうか、その結果、採用した企業はメリットがあるかどうかを見ているのが面接なのです。指輪の話と全く同じ「商取引」の場なのですね。面接官が見ているのは、次の2点です。

オファーしている仕事（ポジション）とあなたは**釣り合うか？**

あなたを採用すると、その企業は**得するか？**

面接という商取引で、あなたはCさんになれていますか？　AさんやBさんになっていませんか？

実際の面接の場では、AさんやBさんの出現率があまりにも高いという事実があります。

Aさんは、学生さんに多い傾向です。たとえば、こんな発言、身におぼえがないでしょうか。

「御社の商品（サービス）が好きで、昔からずっとファンでした」

「御社に勤めている親戚がいて、その人がとてもいい会社だというので、前から興味を持っていました」

「ずっと御社に入りたいと考えていたので、他社を受けず、御社にのみ応募しています」

このような「好き」と「熱意」だけで勝負を挑む学生さんに会うと、私はこんな話をします。

「あなたの好きなタレントさんは誰ですか?」

「有村架純です」

「では、あなたが有村さんに対して、『昔から好きだ、好きで好きでたまらない、とにかく付き合ってください』と話したら、それで彼女が振り向いてくれると思います?」

「う～ん、愛情の強さには自信あるし、とりあえずそれしか強みがないから」

「そういうファンはとても多いから、彼女も困ってしまいませんか。人気企業だって同じです。『好きだ好きだ』には慣れてるんですよ」

一方、Bさんは社会人に多いタイプです。

「御社に入ると、業界でも注目されるスゴ腕営業マンになれると聞いています」

「専門的な知識がつけられることを第一に、御社を選びました」

「ノー残業がポリシーとうかがっています。それだと子供が生まれても長く働けそうだと思いました」

すべてが、「あなたの事情」です。では、あなたを採用すると、企業は何の得をするのでしょうか? このギャップにまずは気づいてください。

まとめ●面接とは商取引の場

転職活動も「企業との交渉」だと考えれば、「希望」ではなく、相手が身を乗り出してくるようなこと、つまり、「○○ができる」「○○の実績がある」「○○の経験がある」「○○の努力をしている」といった、話を基本に置く。

・「○○したい」より、「○○できる」

・自分の「都合」より、相手の「利益」を

2 「裸の自分」を見せる

面接メカニズムクイズ❷

あなたは、部屋を借りようとしています。目の前に、眺望・立地・外観・間取り・料金すべてに文句のない物件があります。唯一、大きな問題があります。あなたの大好きでやめられないもの（たとえばタバコ、お酒、ペット、彼氏・彼女の宿泊）が厳禁となっているのです。どうしますか？

もし、入居後に禁を破り、そしてそのことがバレてしまったときは、即退去を迫られ、そのうえ、敷金は全額没収という条件がついています。タバコやペットはシミや臭いでバレることがほぼ確実。彼氏彼女も、監視カメラに画像が残るので、見つかる可能性大です。隠し通せるのはせいぜいお酒くらいでしょう。しかし、それでもバレたら即退去かつ敷金没収です。さあ、どうしますか？

① これを機に、**飲酒・喫煙など禁止されていることをやめて**入居する
② **隠せるだけ隠して、**入居する。もちろん、バレたら出ていく覚悟で
③ 正直に「○○はやめられない」と告げ、それでノーなら、気に入った物件ではあるが、**今回はあきらめる**

冷や冷やしながら長く住むことはできません

まず、②を選ぶ勇気のある人はいないのではないでしょうか。毎日冷や冷やしながら住んでいるのは、何よりも「住み心地が悪い」ものです。

では①はどうでしょうか。あなたが禁酒・禁煙経験のない人なら、「できるかもしれない」と安易に思うでしょう。でも、何回も「やめよう」としたけど無理だったと

いう過去があるなら、①は容易に選べないでしょう。ペットや恋人も、こちらの都合でどうにもすることができないから、やはり①は難しい。

とすると、多くの方は③を選ぶのではないでしょうか？

そうですね。あなたの1日のうち、多くの時間を過ごすことになる場所。そこで無理をすることは難しいのです。そして、多少条件を変えれば、ほかにもあなたに合う場所があるはずです。お酒好きの方なら、近くにコンビニや酒屋さんがあるマンションや、愛煙家ならロビーにタバコの自販機があるマンション、ペットOKでペットの預かりまでしてくれるマンション……。逆に、あなたの趣味を歓迎してくれる場所だって多いでしょう。

「なりすまし」はたぶん裏目に出る

企業の採用面接では、どうも「着飾って」偽りの自分を演じる人が多いのです。え？　貸家と違って、そんなに簡単にいい案件が見つからないからしょうがない？その意見は表面的には正しいでしょう。しかし、あなたが偽りの自分を演じているから、いい案件に出合えていない可能性もあるのです。

企業が面接でアウトを出す理由として、「能力不足」や「社風に合わない」といった理由と並んで多いのが、「本音が見えない」「信用できない」「うわべだけ」であることを肝に銘じてください。「着飾った」偽りが逆に命取りになっているのです。

実際に、こんな例がありました。

非常に意志が強く、あまり周囲のことを考えず、強引にやりたいことを主張するAさん。30歳そこそこですが、営業として大成し、大手のゆっくりとした昇進・昇格では耐えられない、と転職を考えている方です。

彼は、40歳そこそこの経営者がいる、伸び盛りのベンチャー企業に応募しました。彼同様、押し出しの強い社長と面接をすることになります。そこで彼は、ふだんからみんなに言われていたことを思い出しました。「おまえは、アクが強すぎる」「他人の意見も聞け」「もっと大人になれ」。そう言って、自分から離れていった多くの人たち。だから前の会社でもうまくいかなかった……。

そこで、彼は「いい人」を演じてしまったのです。社長の言うことを素直に聞き、異なる意見であっても、面接の場では決してノーと言わず、社長と話を合わせました。

結果は——もうおわかりでしょう——不合格でした。この会社の社長は、「うちには似つかわしくない」「やはり大手の人間は、上の顔色ばかり見る」という印象を持ったそうです。

無理をして自分を変えなくてすむ職場かどうか

ここで少し考えてみましょう。

応募した会社が、バリバリのベンチャーだから、彼は落ちた。普通の会社なら、彼の「なりすまし」は効果的で、合格していたはずだ。つまり、確率ということで考えると、なりすましの効果は高いのではないか。

そういう反論もあるでしょう。多くの人が、この「確率論」に陥った結果、面接の場で「自分でない人」になりすましてしまいます。

仮にAさんが「普通の会社」に応募して、「従順」になりすました結果、合格を勝ち取ることはあるかもしれません。しかしその場合、彼は入社後ほどなくすると「傲慢でいやな奴」と周囲から嫌われる存在になっていく。そしてまた転職……。

つまり、無理をして手に入れた仕事など、意味がありません。愛煙家がタバコ厳禁のマンションを借りるがごとし、なのです。

なりすましは、「自分を苦しめる」だけです。

同時に、なりすましにはさらなるデメリットがあります。面接相手は人事のプロか、商取引慣れした経営者です。**あなたのなりすましは簡単に見破られる**可能性が高い。その結果、「ウソくさい」「本音が見えない」「信用できない」という印象を与えることになります。そう、なりすましはまず第一に、採用までに至らないケースが多いのです。

バリバリのベンチャーで「強くて引っ張れるタイプ」を欲していた企業なら、Aさんを三顧の礼をもって迎え入れたでしょう。そして、Aさんには、入社後も自分のキャラが十分に生かせる毎日が待っている。「裸の自分」で勝負して受け入れられる会社を探すことが大切なのです。

まとめ●面接で「重荷になるようなウソ」は厳禁

裸のあなたを出せば、裸のあなたを愛してくれる企業に入れるはずです。裸のあなたを出して落ちたなら、むしろその企業に入らなくてよかったと思うべきです。

- **なりすましは高い確率で見破られる**
- **マニュアル小僧になるな**
- **無理して採用されれば、ずっと無理が続く**

3 事実だけを語らない

「面接を商取引と考える」と「〝裸の自分〟を見せる」というポイントを押さえることにより、どのような立ち位置で話をすればいいか、面接の土台ができあがりました。

ここで、この土台を固める作業に入ります。

話の伝え方です。基本は、相手に届く言葉にする、ということです。

面接メカニズムクイズ③

あなたに、本命ではない会社から、内定通知が届きました。ほかに、本命で受けている会社があります。その本命企業から内定を得られる可能性もあります。しかし、なんとなく冷たい雰囲気で、入社しても本当に自分を大切にしてくれるかどうか、わかりません。

こんなとき、先に内定した企業からどんなふうに言われたら、あなたは、心が揺らぎますか？

ここで、本命ではない企業が内定をくれた理由は、「社長がとにかくあなたを気に入った」ということのみ。これ以外は、とりたてて理由らしき理由がない、という状況です。そこで、企業の人事から、どのように言われたら、あなたは「行く気」になるか、考えてみてください。

①　社長があなたをとても気に入っています。社長はめったに人を好きになることはないので、これは珍しいことですよ

②　社長があなたをとても気に入っています。社長は一度気に入ると、長くその人とよい関係を築く人です

③　社長があなたをとても気に入っています。社長は面倒見のいい人なので、入社後、困ったことがあったらフォローしてくれると思います

事実を語るだけだと、相手はどうにでもとらえてしまう

「社長があなたを気に入った」というのは、単なる事実です。

その事実が、あなたに対してどんな影響を及ぼし、それが、あなたにとってどのように好都合なのか、それが見えない限りは、入社する方向にあなたの気持ちは動かないはずです。

まず、①は、社長に気に入られることであなたにどんな影響があるかという情報は全く入っていない。むしろ「めったに人を好きになることがない＝気難しい人」という、ひょっとすると悪い影響を想起させるような情報が入っています。

②は、「よい関係が長く続く」というプラス情報が入っているので、これを選ぶ人は少なくないでしょう。ただし、よく考えると、「よい関係が長く続く」ことが、どのような好影響をあなたに及ぼすかが書かれていません。

あなたにどのような影響を及ぼすか、をはっきり示しているのは③だけです。

「困ったことがあったらフォローしてくれる」。これは好影響ですね。

この事例は、「あなたが企業を選ぶ」という立場だから、よくわかります。

基本がわかったところで、今度は逆に「企業があなたを選ぶ」立場になってみてください。あなたが面接で発する言葉が、事実のみで終わっていたら、とても惜しいこ

とになります。

その事実が、会社や職場にどう好影響を与えるか。それをかみ砕いて説明するように心がけてください。

これも商取引の基本です。

まとめ●事実だけでなく、相手に届く言葉にする

今、口にしている情報を、あなたは「何のために」話しているかをまず考えましょう。

その「何のために」が相手に対して「好影響を及ぼすため」なら話を続けるべきです。

そして、その好影響の内容までしっかり話しましょう。好影響を思い描けずに事実を口にしているだけなら、早めに話をやめましょう。

・事実を語るだけでなく、その事実が及ぼす好影響まで説明する

4 自分を知るための「5つの性格軸」

採用されるかされないかを左右する大きなポイントとは何でしょうか? 能力、経験、知識。この3つを挙げる人は多いでしょう。しかし、もう1つ、忘れがちなものがあります。そこを克服できれば、10分でアピール力を格段に上げることができます。

面接メカニズムクイズ④

あなたは今、美容室に来ています。技術も指名料も全く同じレベルの、いずれも人気の美容師が2人います。さて、以下の説明を読み、2人のどちらを指名しますか?

最初におことわりしておきますが、今回の問題には正解はありません。あくまでもあなたがお客さんだったら、どちらの美容師を選ぶかを考えてください。

① **無駄な話はしない**Aさん。あなたの要望を聞き、それに対して、最適なカットをしてくれる。会話が少ない分、スピードも速く、時間がかからない

② **流暢に話しかけてくる**Bさん。最近の流行や、かっこよく見せるポイントなどいろいろと提案をしながらカットをしてくれる。会話に脱線もあるため、多少、時間が長くなる

「能力」「経験・知識」と並んで大切なこと

どうでしょう？　人によって答えはバラバラになるはずです。美容室であまり話しかけられたくない、という人もいるでしょうし、フレンドリーで楽しいお店を好む人もいるでしょう。そう、誰を指名するかは、腕や料金だけでなく、**「仕事の進め方」**も大きな決め手になるのです。

「性格が合う」という言い方もできますが、より突き詰めて言うと、「仕事の進め方が適している」ということなのです。

企業も同じです。「能力」「経験」「知識」だけを見ているわけではありません。

よく、キャリアの浅い人や、学生さん、スペシャリティというより人柄で仕事をしている人などは、面接で話すことがない、と心配することがあります。そうした場合、私が話すのは、**企業は仕事の進め方も非常によく見ている**のです。だから、それをうまくアピールしなさい、と伝えています。

美容師の例からもわかるように、腕や経験がものを言うエンジニアや経理などの「スペシャリスト」でも、実は、スペシャリティそのものよりも、スペシャリティの発揮の仕方、つまり仕事の進め方が大切なのです。

「仕事の進め方」は、就職していない人でも、バイトやサークル活動などふだんの生活を振り返ることで、言葉にすることができます。そう、誰にでもできることなのです。

しかし、それが意外に難しい。たいていの人は、「仕事の進め方」ではなく、「私はボランティアが好きで」とか、「笑顔を見るのが好きで」というような自分のキャラクターを語って終わってしまいがちです。そうではなく、あなたのキャラクターを「仕事の進め方に」結びつけて語ってください。

5つの性格軸で「仕事の進め方」を表す

ここからしばらくは、少しドライに書かせていただきます。「仕事の進め方に結びつく」あなたの性格や価値観とは、私が企業と接してきた限り、以下の5つの軸でほぼカバーできます。

①スピード⟷緻密
②情を優先⟷合理性を重視
③よく考えるか⟷まず行動か
④目立つ・競争⟷協調・仲よく
⑤斬新さを重んじる⟷伝統を重んじる

これを整理すると、次ページの表のようになります。

「5つの性格軸」で、あなたの仕事の進め方を整理しよう

悪く言うと	よく言えば	対立軸	よく言えば	悪く言うと
慎重	緻密である	緻密 ⟷ スピード	結果を早く出す	間違いが多い
ドライ、非情	理性的	理 ⟷ 情	思いやりがある	道理に合わない
考えていない	活動的	行動 ⟷ 思考	深みがある	理屈っぽい
意思がない	気を使う	協調 ⟷ 競争	引っ張る	支配的、勝手
前例主義	伝統を守る	伝統 ⟷ 斬新	明日を創る	新しもの好き

↓　↓

「よく言えば」の部分を、相手に届くかたちに
（入社後に及ぼす好影響）に変えて話す

あなたもそれぞれの軸で、どちらに近いか考えてみてください。自分ではっきりわからない場合は、巻末特別付録①の「仕事スタイルを分析する『簡易診断シート』」で判定してみるといいでしょう。

ほとんどの人は、直感的に、軸の左か右のどちらかを選べるのではないでしょうか。そこがキャリアの面白いところです。当たり前のことですが、軸の左右両方を持っている人は本当に少ししかいない。逆に、誰でもどちらかは持っています。つまり、人間には必ず「強み」があり、それはそのまま「弱み」にもなっている。あなたの特性をすべての企業が評価してくれることはありませんが、すべての企業に評価されないこともありません。会社によって、好まれる「仕事の進め方」は違います。

「なりすまし」の人は、この軸の左右両方をアピールしたりするのです。そこで、手なれた人事や経営者は、「ウソだ」とわかってしまう。人間、そんなに何でもできるはずはないのです。

5つの性格軸で「裸の自分」を語る

企業は、応募者がどのような仕事の進め方をするかについて、非常に興味関心を持っています。それが会社に合うか、合わないかが、かなり重要なポイントでもあるからです。

ですから、「話すことなんて何もない」と思っている人も、自分の性格を把握して、それにより、どのような仕事の進め方をしているか、を話すだけで、面接のアピールになるのです。

ここで「裸になる」という基本が生きてきます。自分の仕事の進め方に合う会社は、入社後、あなたにとって、「楽しい」会社になるはず。つまり、「裸」の「仕事の進め方」を企業に提示するわけです。そこで、「おっ、こいつ、いいな、うちの会社にぴったりだ」と面接官が思ったなら、その会社はあなたにフィットしている。逆に、**裸を見せて落ちたなら「合わないところに入らなくてよかった」と思えばよい**でしょう。

ただし、この「裸を見せる」際には、必ず「相手に届く」言葉に変えてください。あなたの「仕事の進め方」は企業にどのような好影響を与えるのか。事実だけでなく、「相手に届く言葉」にして話すこと。

たとえば、「スピード感」にあふれ、「行動的」で、「情に厚い」人なら、こんなアピールをしてみるのです。

「まだ固まっていない事業や組織を、素早く事業化する、といった仕事に私は向いていると思っています。多少粗くても、いちはやく結果を出すことに情熱を注ぐ性格だからです。まだできたばかりの組織だと、ルールや原則が通じず、その場その場の融通が必要になりますが、私はそういう場面で、状況に応じて即断することができるでしょう。もちろん、前例のない仕事は困難の連続で、人心も荒廃しがちですが、そんなとき、私はとことんメンバーと話し、困ったときは一肌脱ぐ、という方針で、これまで何とか乗り切ってきました」

明らかに、新事業展開に力を入れている組織に好影響を及ぼすことがわかります。一方、安定的な古い組織には、彼のような人材は不要です。

この話を面接で話せば、彼は、たぶん、彼を必要とする組織で採用となるでしょう。

この5つの軸は、職業経験のない学生さんでも、自分はどれにあてはまるか、見当がつくと思います。まずは、自分がどういうスタイルを持っているか、確認してみてください。

そして、その軸に従って、どのような行動をしていたか、思い出してみてください。その事実を積み上げ、自分を説明すると、説得力が高まります。そして、もう一言付け加えます。

「だから私は、きっとこんなことが御社でできるはずです」

そこをじっくり考えてください。

おっと、そこまでは10分では難しいですね。そろそろ次の章に移るとしましょうか。

まとめ●自己PRは、性格ではなく仕事スタイルを語れ

採用面接で重視されるのは、「能力」「経験」だけでなく、仕事の進め方＝あなたの仕事スタイルです。仕事スタイルは、あなたの性格に直結します。あなたの性格＝仕事の進め方をよく知っておきましょう。そして、それが「会社や職場にもたらす好影響」を語れるようにしておきましょう。

・5つの軸で、あなたの仕事の進め方を整理

復習「10分でできること」

この章では、4つの「面接の基礎」をつくりました。

1 面接とは商取引の場である。「自分の都合よりも相手の利益」を
2 無理なウソは厳禁。ありのままのあなたを評価してくれる会社なら、入社後が楽
3 届く言葉にする。事実だけでなく、それが相手に及ぼす好影響を語る
4 自分を知る。仕事の進め方を5軸で分析。企業は意外にこれを重視する

この4つが、なぜ10分でできるか、というと、別段新しく何かをつくる作業はなく、また、調べたり聞いたり、思い出したり、という作業も不要だからです。要は、面接というものは何のためにやるのかを知り、そこから外れないようにしましょう、ということなのです。

つまり、「気づき」ですね。だから10分でできました。ただ、この気づきがあるかないかでずいぶん面接官の評価は変わります。

第2章

1日あれば ここまでできる！

この章は、１日でできることが書かれています。

「明日、面接だ」となると、もう何もできない気がしてきますね。

ものを調べるのは大変だし、しかもそれを理解するのも大変。

さらに覚えて、話せるようにするには、１日では難しい。無理をして突っ込まれればボロが出る。

たった１日では、新たな知識を身に付けることはできないのです。

ならば１日をどう使うべきか。

答えは、あなたの中にあるのです。あなたの中にある「使えるもの」を拾い出す作業。

それが、この章の主題です。

「思い出すこと」と「考えること」、ここではそのメカニズムを体得してください。

1 「空気語」で話さない

あなたの長所を話すときや、応募している会社を志望した理由などを話すとき、その内容がどうもウソくさく（または中身がないと）感じさせてしまうことがあります。その理由は何でしょうか。

面接メカニズムクイズ⑤

あなたは今、５社の企業から、自社の風土について説明を受けています。さて、どの企業のアピールが、信用できるでしょうか？

ここでは、男性のみなさんも「女性になった」つもりで聞いてください。いずれの会社も、社内が男女平等であることをアピールしています。ただし、その話し方がずいぶん異なるというケースです。

①うちの会社は男女の待遇がとても平等です。もう**ありえないくらい**平等です
②うちの会社は女性を**ごっつい**大切にしてる。外の人もみんなそう言うよ
③うちの会社は**女性天下の**会社で有名なんだ。少し困っているくらいなんだ
④うちの会社は**女が強くて男が弱いくらい**です。女性はみなイキイキしてますね
⑤うちの会社は**お茶汲みやゴミ出しは各自で**します。そりゃ、平等だもの

言葉遣いの良しあしだとか、表現がオーバーだということで、多少、答えは割れるかもしれませんね。そんな表現の問題を抜きにして、よく読んでみてください。「男女平等」という言葉をどう変えて表現しようか思案している5社の中で、1つだけ、違ったアプローチをしている答えがあるのです。

それは⑤です。

事例はとっさに捏造できない

⑤以外（①〜④）は、何も事実が盛り込まれていません。「とても」とか「ありえない」とか「ごっつい」とか「女性天下」とか「女が強くて」といった表現を使って言い換えをしているだけです。

一瞬、「外の人もみんなそう言う（②）」とか「困っているくらい（③）」というのは、なんとなく、形容詞的ではなく「事実」のように感じますね。でも、こんなことは、たとえ「外の人がそう言っていなくても」「みんな困っていなくても」いくらでも言える話なのです。こういう、一見「おっ」と思わせるが、中身のない言葉を、私たちは「空気語」と呼んでいます。それに対して、**誰がいつどこで、どのような**言葉で「そう言う」「困る」のか、そこまで入っていたら、これは本物の事実ともいえるでしょう。

さあ、⑤です。この会社は、「男女平等」という事実・事例を「お茶汲み」と「ゴミ出し」で見事に表しています。これは強い。なぜでしょう？

●事例は、**即興で捏造することは難しい**。そのため、聞き手は実際にあったことだと、受け止める

●事例により、**表したいことのレベル・頻度などが明確に読み取れる**

つまり、真実味が格段に変わってくるのです。

時折、詐欺師などはこの心理を利用して、わざと詳細な(捏造された)事実を伝えて相手を信用させたりしますね。こうした「悪利用」をする人は世の中には少ないし、しようと思っても、簡単にはできない。だから事実は強いのです。

テレビやマスコミで見かけるコメンテーターや政治家も、この基本を全くわきまえていないケースがよくあります。

「私は、**政治生命をかけて**、ある決意をしております。高齢化社会に立ち向かい、日本をよくするために、**一方ならぬ思い**を持っております。野党やマスコミの**つぶてのような批判**に耐えながらも、今回の法律を通すために、**敵千万の荒野**を行く覚悟でございます」

こんな演説、鼻白む思いがしますね。太字の部分は、すべて空気語。この政治家は、空気語を抜くとほとんど何の話もしていません。

面接は「空気語」の嵐になりがち

面接ではしばしば、空気語の嵐となります。ですから、詳細な事実を積み上げて、「私はこういう人です」と言えるだけで、（たとえその会社の採用基準と合わない人さえも）「けっこうこの応募者はいいかもしれない」と面接官に思ってもらえます。

実例を出しましょう。ある学生さんが私のところに就職相談に来たときの話です。

学生「俺、争いを好まない性格なんです」

私「それは、何のメリットでもないよ、それで、どんなプラスがあるの？」

（「事実ではなく、それが及ぼす影響を語ること」ができていなかった）

しばらく考えてから、彼はこう答えました。

学生「サークルや委員会なんかで、みんなが険悪な雰囲気になると、いつも進んで間に入り、うまくとりなして、調整するんです。だから、みんないつでも仲よくできました」

私「それはいいね。企業にとってもメリットだよ。でも『いつも』とか、『みんな』とかじゃダメ。ウソくさい。実際はどんなことがあったの？」

（またしばらく考えてから）

学生「**あるイベントが**ありまして、そこで、**有名な先生**を講師に呼ぶ企画を進めていたんです。そうしたら、**なんか金銭関連**で言った言わないがあり、**仲のよかった友人間**でもめごとが起きてしまいました……」

もう、空気語のオンパレードです。

私「何それ？　森のクマさんじゃないんだから、〝ある〟とか〝有名な〟とか言わないでよ。どんなイベントで、誰を呼び、どんな金銭問題が起きて、誰と誰がどう意見が違ったの？」

（しばらくやり取りしたあと、概略以下のような話になりました）

学生「有名人を招き、社会人として大成するポイントを語ってもらうイベントを毎月開催していたのです。私たちの担当のときは、大阪在住の有名建築家、安西宗雄さん(仮名)にいらしてもらう予定だったのです。出演料をめぐって、先方ともめてしまい、急きょ出演を辞退されてしまいました。

企画者は、『あらかじめ無料でと伝えたのだから、こっちに非はない』と先方に文句を言いたがり、一方で、このイベントの委員長は『今後の運営が難しくなるので問題を起こしたくない』と主張しました。私が間に入って、よく事実をたどっていくと、トラブルの理由がわかりました。先方は『確かに出演は無料で引き受けた。でも、交通費や宿泊費などの経費はそちらが持つのが礼儀ではないか』と言っていたのです。

そこで、私は学事部に、『いつもは東京の人だから交通費や宿泊費は必要ないでしょうが、今回は特別に支給してほしい、これほど著名な方に無料で講演していただくのだから当然でしょう』と交渉しました。イベント当日の1週間前という土壇場で、何とか学事部が折れ、無事開催できたのです」。

どうですか？　空気語の裏には、よく聞いてみるとこんなストーリー（＝事実）があったのです。逆に言えば、こんな豊かな真実の物語を、多くの人は、空気語で意味のない言葉にしている。空気語を排したコミュニケーションの強さを再確認してください。

まとめ●話に真実味を持たせる

事例はその場で簡単に捏造できない。だから信用される。
事例を語ると、表したいことのレベルや頻度がよく見える。だから真実味が増す。

・形容詞的フレーズと空気語は厳禁
・事実の積み重ねで話す！

2 小難しい言葉より「ちょっといい話」

今回は立場を変えて、あなたが面接官の役です。
面接官になることで、ずいぶん、「面接の仕組み」が見えたりするものです。

面接メカニズムクイズ⑥

あなたは、自分の会社に応募してきた人と、面接をしています。以下のどの話をした人と一緒に仕事がしたいですか?

間違えないでください。あなたは、応募者の上司になるわけではありません。あくまでも同僚として好ましいと思う人を選んでください。

①私は、**人に優しい**ですよ
②私は、**警察に表彰された**こともあります
③私は、いつか**臨床心理士になって**悩んでいる人の力になりたいです
④私は、落ち込んだ人が職場にいると**食事に誘って「何でも言って」**と話します
⑤私は、将来**「悩み相談ネット」**をつくろうと考えています

どの人も、「自分は優しい」ということを自分なりの言葉で表現しています。

解説に入る前に、再度確認させてください。あなたはこの人の上司ではありません。上司だと考えると、「目標の高さ」とか「特殊な技能の有無」などを考えてしまいます。その結果、③（目標の高さ）や⑤（特殊技能）などを選ぶ人がよく出てきます。そうではなくて、普通の同僚として隣にいてほしいのは誰か、と考えてください。

結論は見えてきますね。そう、隣にいてくれるなら、④の人ではないでしょうか。他人に干渉されるのがいやな人の場合はその限りではありませんが。

「すごい人」より「隣にいてほしい人」

自分をよく見せるために、面接ではつい、資格や表彰歴などを話してしまいがちです。②③⑤の人のことは決して笑えません。特に、学生さんや事務職の方の場合、資格や表彰といってもそれほど話せることがないために、それこそ、「キーボードを叩く速さ」とか、「暗算がどれくらいできる」など、何とか「すごいこと」をひねり出そうとします。ところが、そんな話をすればするほど、なかなか相手には気持ちが通じず、「胡散臭さ」のみが漂ってしまう……。

本当は、もっと大切なことがあるのです。

「ああ、この人と働きたいな」

面接官にこう思ってもらえれば、それが一番なのです。

エンジニアやスペシャリスト採用でも、もし、能力や実績にあまり差のない応募者が並んだら、**最後は「誰と一緒に働きたいか」が決め手**になる。それが採用の黄金則だということを忘れないでください。商取引でも最後の最後は、「相性」や「人柄」がものを言うことは少なくありません。

みんなに愛されていた、というような話や、縁の下の力持ちになるのが好き、といったことを、具体的なエピソードで語ればＯＫです。もちろん、これまで見てきたように、「空気語は使わず」「具体的事例で」「自分が入社することの好影響」まで話せれば満点です。

選ばれないことは逆によし

私は、かつてこんな相談者と面談したことがあります。

神奈川県にある専門商社の営業所で事務をしていた女性で、年齢は20代後半でした。職場にはほかに、営業の男性4人と所長がいて、全員で6人の小所帯でした。この会社には、不思議な営業ルールがありました。月末の最終日は、時計が深夜12時を回る直前まで、受注計上ができる、というものです。

つまり、3月ならば、3月31日深夜11時59分59秒まで営業ができるのです。数字の足りない営業は、それこそ大変な1日となります。ただ、会社としては事務の女性に配慮して、「夜10時には事務職は退社する」というもう1つのルールも設けていました。彼女は、この2つ目のルールが気に入らなかったのです。

「営業が深夜まで頑張っているのに、自分だけ早く帰るなんておかしい。私が帰ってしまうと、受注計上作業は営業の人が自分自身でしなきゃならない。そのせいで、夜11時には営業活動をやめ、営業所に戻らなければならない。だとすると、1時間のロスタイムができてしまう。そのうえ、慣れない受注計上作業を営業の人がやると、受注ミスで、計上取り消しが起きて売り上げ目標が達成できなかったこともある……」

そこで彼女はルール違反承知で、末日は最後まで会社に残ることにしたそうです。

結果はどうなったか。

1時間長く営業ができ、そのうえ計上ミスも起きなくなったその営業所は、営業成績がグンと伸び、連続達成、業績上位営業所にランクインするようになったそうです。

これで彼女も万々歳! 月末は深夜12時に受注を締めて、すぐ駅へ急ぐのか?

「いえ、疲れて帰ってくる営業の人に、一言『お疲れさま』と言いたくて」

そう、営業が帰ってくるのを待つのだそうです。でも終電は12時30分だから、「おめでとう」と言ったらすぐ、駅に猛ダッシュすることになってしまう。いえ、そうではありませんでした。

「営業のみなさんのうれしそうな顔を見ていると、『一杯行くか!』の誘いを断れなくて」それで始発までみんなで祝勝会をして、翌日はさすがに「半休も許してもらえました」

こんな話を聞いた私は、ぜひ彼女を自分の部下に欲しくなってしまいました。

この話には、2つの大切なことが隠れています。

まず、「日常のちょっとしたよいこと」は面接官の心を動かす、ということ。それは、**相手も人間であり、「一緒に働きたい」と思う人を採用する**からです。日常のちょっとしたよいことを、具体的に鮮明に語れるようにしておきましょう。

そしてもう1つ。自分が「いいなと思うエピソード」を語って、相手に嫌われるのもまたよし、ということ。たとえば、前出の彼女の場合、コンプライアンスがうるさい会社であれば、「会社のルールに従えない人は採用できないな」となるでしょう。ところが私は、彼女を評価し、前向きにとらえた。この差がすなわち社風の差です。

つまり、**自分がいいと思うことを悪いと評価する会社などに入らなくて、むしろラッキー**なのです。本当に愛してくれる居心地のよい会社のみがあなたを正当に評価してくれる。

自分目線で「日常のちょっとしたいいこと」を話せば、相性のいい会社が見つかりやすくなるのです。

まとめ●「一緒に働きたい」と思ってもらえるか

些細なことでかまわないのです。「ああ、みんなと仲よくやれるいい人だな、うちの会社にピッタリだ」ということが、よくわかる事例を挙げる。それでダメなら、そんな会社はこちらから願い下げ!

・小難しい言葉より「日常のちょっといい話」を

3　理想的な「別れる理由」とは

今度は、今の会社を辞めることに絡む話です。退職理由をどう述べるべきか。さあ、またまた就職・転職とはまるで関係ないクイズです。

面接メカニズムクイズ⑦

友人の恋愛相談です。今、その友人は、付き合っている恋人がいるのに、新しい人に乗り換えしようと考えています。あなたは、以下の3つの話のどれに共感を覚えますか？

俗に言う二股ですね。パートナーをチェンジするという場面です。

①今の恋人には**満足している**。とても仲よく、尊敬さえもしている。ただ、**もっと素晴らしい人が目の前に現れた**。知性もルックスも資産も満足できる人。だから、今の人と別れて、新しい人と付き合いたい

②今の恋人とは、**いくつか譲れない価値観の違い**があり、その部分でよく喧嘩をしていた。**新しい人は、この「譲れない部分」で全く同じ意見**を持っており、そのため、一緒にいてリラックスできる

③今の恋人は、ケチで人に冷たく、ウソつきだ。自分以外の異性に対して、いつも興味を持っており、安心ができない。また、ミーハーな話ばかりで、知性などかけらも感じない。**もう、とにかく別れたい**

簡単に言うと、①は、今の彼に文句など何もない。②は今の彼を嫌いではないが、価値観が相容れない。③は、今の彼が大嫌いでケチョンケチョンに文句を言っている。

この状況だと、友人だとはいえ、③の人の話を聞くのは、忍びないでしょう。延々彼の悪口を聞いているうちに、「だったらなぜ付き合ったの？　見る目ないんじゃないの？　ということは、次の人だって、ヤバいよ」と、皮肉も言いたくなるはずです。

仕事選びも同じ。転職体験がある人なら、「面接のときに、前の会社の悪口は言わないほうがいい」と注意されたことがあるでしょう。それはある面で正しいのです。

不自然な「前向きさ」は逆効果

では、その正反対の①はどうでしょう。転職する際は「前の（あるいは今の）会社を悪く言わないほうがいい」という話をしましたが、それも度が過ぎるとマイナスなのです。「今の会社に全く文句がない」という状態で転職をする人に対して企業側はこう思うはずです。

「**今度、うちの会社に入社して、**こちらに何の落ち度もなく、仲よくやっていけたとしても、ほかに**もっといい会社から誘われたら、**この人は、ホイホイとそっちに行っちゃうんだろうな」

満足している彼氏を捨ててまで別の人のところに行く人は、**浮気性**だと思われてしまうわけですね。このことに気づいてください。実際、こうした不安を感じる企業の人は多いのです。そうした場合、間に入った転職エージェントには、こんな相談が寄せられます。

「なんか、退職理由がウソくさいんだけど……」

「話がきれいすぎて……」

「ぜひ本音を聞いてもらえない？」

こんなふうに浮気性と思われないためにも、第三者にも納得のいく「別れる理由」が必要です。正直なところ、前向きなだけの理由で今の会社を辞める人はごくごく少数です。多くの人が、職場で自分の半径5メートル以内に、何かしらの問題や悩みの種を抱えていて、それをぬぐい去るために、転職をしていることが多いのです。もちろん、そんな悩みを抱えながら、同時に夢や希望など、前向きな理由も併せ持っています。

「悪い」と言わず「合わない」と言う

では、その「現状への不満」はどう伝えたらよいでしょうか?

一番よいのは、今の会社が悪いのではなく、会社を「よい」と言う人もいるが、私にはいろいろ頑張っても**「合わせられない」部分**がある、という方向で、現状を伝えることです。

まず、今いる企業と**どこが合わないのかを出発点において、それを明確な言葉にし**てみてください。

次に、それでも今の会社で**うまくやっている人を**思い浮かべ、その人は、**どうしてうまくいっているのか**を考えてください。たぶん、何かを**代償**にしているのではないでしょうか。それを説明できるようにしてみてください。

最後に、**自分にそれができない理由**を明確に言葉にしてみます。ここでも大切なのは、「具体的な事例」であり、「自分のスタイル」です。ここまでをまとめれば、立派な「別れる理由」になります。

なお、退職理由については、第4章の「『聞きにくいこと』の聞き方『言いにくいこと』の言い方」でより詳しく説明します。第4章の最後に具体的な事例も書きましたので、こちらも参考にしてみてください。

まとめ●不自然すぎる「前向きさ」は、ウソっぽい

今いる会社を悪く言いすぎるのは厳禁だが、全く問題ない、と言うのも同じように問題。「もっといいところを求めて」だけの理由だと、「浮気性」と思われる危険性あり。

- **「別れる理由」は必ず必要**
- **「悪い」ではなく「合わない」で**

復習「1日でできること」

1日あれば、過去の出来事を思い出したり、それについて考えたりすることができます。あなたの中にある「記憶」をもとに、事例を引き出し、それを加工する、という作業をしてみてください。

1 形容詞的フレーズは意味がない。空気語を使わず、事実を積み重ねよ

2「一緒に仕事をしたい」が黄金則。小難しい言葉より日常のちょっといい話

3 無意味な前向きさは、ウソっぽい。別れる理由を「嫌い」ではなく「合わない」で

3つとも、取り立てて難しい話ではないのに、なぜ「10分でできる」ではなく「1日」のほうに入れているのか。それは、具体的な場面を思い出すのには、けっこう時間がかかるからです。

自分でどうしても思い出せない場合は、家族や友人に聞いてみながら思い出していくことも必要になります。そうなるとやはり10分では無理なのです。

第3章

1週間かけて勉強すること

第2章では、「気づく」「思い出す」といった、自分の頭の中ですむ面接対策の話をしてきました。

しかし、自分の頭の中を出て、外の情報を取りにいくとなると、
今度はけっこう時間がかかることになります。

この章では、「調べる」「理解する」「覚える」といった面倒な行為を「1週間かけて」行う方法をお話ししましょう。

一言で言えば、「企業研究」です。そして、研究成果を「応募動機」に変える。その練習です。

1 企業研究は事実収集にあらず

企業への応募動機は、「ああ、この応募者はわが社をよく知っていて、真剣に好意を持っているのだな。浮ついた気持ちで応募しているのではないな」とわかってもらうことが、基本です。では、浮ついた気持ちと、本物ではどこに差が出るのか。

面接メカニズムクイズ ⑧

あなたは幸運にも、大好きな俳優と、新幹線で隣の席になりました。何を話しかければ、このスターはこちらに関心を示してくれると思いますか?

車内はすいていて、普通の声で会話をしても、あなたの話が特に目立つこともありません。彼は、気さくな性格ですが、もちろん自分から知らない人に話しかけるようなことはしません。気をひくためにはあなたが一方的に話すことになります。さて、何を話しますか？

① **外見を何気なくほめる。**服装や髪型を取り上げ、ブランドやスタイルに言及するだけでなく、彼のセンスのよさや、いつもおしゃれなことを持ち上げる

② 彼の出ていた映画やドラマについて語る。劇の中で語られた台詞や身につけていたアクセサリーを思い出し、自分が**彼のことをよく知っている**とアピールする

③ 彼の才能や演技について語り、なぜ見る者に深い感動を与えられるか、その裏にある、**彼の生き方、努力や苦労など、人間性に迫る**ような話をする

ミーハーなファンと本格的愛好者の違い

有名人の場合、ファンから熱い視線を送られることには慣れています。

そんな毎日を送る彼らにとって、ファンからミーハーなコメントや月並みなお世辞を言われても会話は弾むはずがありません。

まず、①は3つの中で一番ダメと言わざるをえないでしょう。このアピールでは、

「その場にいる人ほぼ全員」ができるからです。昔から全く好きでなかった人でも、彼のことをその場で見ていれば話せる内容です。

「いや、外見をただほめるだけならば、誰にでもできるけれど、ちょっとしたアクセサリーの特徴や髪型の変化など、普通の人が気づかないことを話すなら、他者と差別化できるのではないか」と思うかもしれません。確かに、あなたが他者とは全く違うくらい鋭い洞察力があり、流行やおしゃれにも敏感ならば、それもありかもしれません。ただ、相手はスターであり、センスはあなた以上にあるはずです。その中で、あなたが同じ土俵でチャレンジするのは、並大抵のことではないという覚悟が必要です。

②は、「他の人が全く知らないことを知っている」ということで、ファン歴の長さや愛情の深さなどをアピールできることが、①よりもよいと思えます。しかし、ここでも、「覚えていること」をただ単に並べるだけでは、相手はそのうち飽きてくるでしょう。ファンはありがたいものですが、自分についての蘊蓄《うんちく》を延々聞かされるスターにしてみれば、「だから何?」という反応になるのではないでしょうか。

③は、①②とどこが違うでしょうか。それは、彼の外見やドラマの台詞回しなど、**表面的な事実を語っているだけではない**ことです。演技がすばらしいのは、彼の努力やこれまでの生き方を踏まえたうえで、その人間性ゆえだと話しているのですね。

②のような表面的事実を羅列するだけでは、どんなにそのスターのことをよく知っ

ているとしても、「だから何？」となってしまいます。対して、③は「あなたという人間をよくわかっている。その人間性から演技力が生み出されている」と言っている。これならば、聞くほうも「わかっているな」と感心するか、多少それがはずれていたとしても「わかろうとしてくれている」という感謝の思いを抱くでしょう。

事実の背景を探れ

なぜ、有名人気スターを例に出したか。

スターというところを、「企業」に直してみてください。もっと言えば「有名人気企業」です。あなたはここで、この企業に対して何らかのアプローチをしなければならない。さあ、なんと言えばいいか。全く同じことなのです。

企業研究を十分にしていない応募者は、たいてい表面的な事象、たとえば、売り上げが伸びているとか、将来性がありそうだとか、ヒット商品があるとか、製品を使ったことがあるとか、CMが面白いとか、そういう外見の話をしてしまうのです。ハンサム企業は、そんな外見をほめられ慣れています。

企業研究を周到にした人も、多くの場合、②のようなコメントをしてしまいます。初代創業者の名前、当初行っていた事業、成長するきっかけとなった商品、大改革をした中興の祖、人気CMの秘話……。つまりは「薀蓄」自慢をしてしまう。面接官にしてみれば「ふーん、よく知ってるね」以上の感想には至らないことになります。

もし、②の人が企業研究で事実を収集しているとき、**個々の事実について、「なぜそれができたのか」を念頭において**いたら、多分、「よく知ってるね」ではすまされないようなアピールができたはずです。それが③です。

「常に○○を大切に考えていたから××できた」「この会社が××と評価されるのは、一貫した理念として○○があるからだ」といった、「事実の裏にある企業の力」まで迫れば、「よく知ってるね」ではなく、「そうなんだよ。ありがとう。よく気づいてくれたね」となるはずです。そこから「だからこの会社に私は共感する、私の考え方や生き方と合っていると思う」と話を続けていけば、盛り上がる面接になること、間違いナシです。

まとめ●企業研究は、事実収集ではなく、事実の背景を考える

外見のほめそやしや、薀蓄小僧では、企業は全く共感を持ってくれないでしょう。どこまで、事実の裏にある「本質」に迫れるか。そこから、面接官の「共感」が生まれます。

- **企業の外見より、企業にまつわる事実の収集**
- **加えて、「なぜその企業はそれができたか（背景）」まで語れるように**

2 「ウチでなくてもいいんじゃない？」と言われないために

今回も、面接でよくある失敗についてです。熱心に業界研究を行っていた人たちが陥るワナですね。

面接メカニズムクイズ⑨

あなたは、旅行会社の営業マンとして、窓口で、お客さんと話をしています。売りたい商品は、グアム旅行です。以下、どのアプローチが正しいと思いますか？

グアムと言ってわからない人はいないと思いますが、念のために概略情報を。東京から約２５００キロメートルほど南南東にある島で、マリアナ諸島に属しています。完全な熱帯気候で、一年中、海水浴が可能。現在はアメリカ合衆国の準州です。

①**年間を通じて泳げます。**冬でも、太陽がさんさんと照りつけ、エメラルドグリーンの澄んだ海が、とてもきれいですよ

②トロピカルリゾートで遊んだあとは、**ショッピングはいかがでしょう？**グアムのアウトレットで安くブランド品が買えます

③グアムは観光客の日本人比率が非常に高いので、**日本語がよく通じます。**なにせ、日本から**たった3時間です**からね

そのメリットは競合でも同じことが言えないか？

ここでは「違い」をうまく伝えられるかどうかが肝心です。

①②は熱帯リゾートすべての場所で共通している話でしょう。ハワイ、バリ、セブ、プーケット、ペナン、フィジー……こうした大型リゾートがあふれる南太平洋において、「グアム」に目を向けさせなければ、商談は成り立ちません。

こうした**競合地と差別化するための武器**は何でしょうか。③は端的にそれを示しています。「日本語」と「近さ」ですね。

業界志望が強い人は、この間違いを犯してしまいがちです。熱心に業界志望理由を話し続ける。しばらくして面接官から質問。

「で、なんでウチに？　競合のA社でもいいんじゃない？」

これで轟沈しないよう、その企業ならではの「特徴」をつかみ、それが気に入っていることをきちんと話しましょう。

「軸」があると企業の信頼を勝ち取れる

企業ならではの「特徴」のつかみ方に入る前に、もう少し書かせてください。業界志望が強く、業界研究を徹底的にすることは、決して悪いことではありません。ぜひ、力を入れていただきたいと思っています。企業側にあなたの業界志望理由が伝わることもマイナスではありません。企業は、応募者の本心が知りたいからです。

たとえば、以下のような応募者は企業からどう見えるでしょう？

応募先企業——三菱東京UFJ銀行　三井物産　電通　全日空　NTT　ソニー

何がこの人の応募意欲につながっているか、全く見えません。たぶん、「大手ならどこでもいいのかな」「見栄えのいい企業を狙うミーハー君だろう」と企業からは思われてしまいかねない。つまり、全く業界軸が見えないような併願応募というのは、企業から敬遠されてしまう。それよりは、次のような人のほうがわかりやすいのです。

応募先企業——三菱商事　三井物産　伊藤忠商事　リクルート

この人は、明らかに総合商社志望ですね。

たぶん、リクルートの面接官は、併願状況を聞き、「なぜ総合商社の中にリクルートが?」と思うはずです。そこで学生が、「総合商社は個人裁量が大きくて、バイタリティをもって自分で道を切り開く仕事と聞いています。リクルートは業界こそ違え、そういうところが似ていると先輩から教えてもらいました」と話したら、面接官は納得するはずです。

そう、応募傾向というのは**何かしら類似する軸**を持たせたほうが、企業側からの納得が得られやすい。そういう意味で、業界志望が強いというのは、「軸」がしっかりしているという意味でよいことなのです。

ちなみに、応募併願は企業に伝えるべきかどうかも悩むところです。ここは判断が難しいのですが、私は、こうした「軸」がしっかりしている場合、「企業も本気と思ってもらえるので、併願を伝えたほうがいい」とアドバイスしています。

蛇足ですが、資格や自己啓発などもちゃんと「軸」を持たせたほうが、見栄えがよくなります。IT系の資格、語学、簿記など、使えそうな資格を片っ端から取っていると、「君は何がしたいの？」「資格オタク？」と思われるからです。キャリアには「軸」を立てることが必要ということが、ここからもわかってもらえるでしょう。

「事実の背景」で差別化

併願の志望企業に類似性（軸）が見出せれば、特定の業界を志望していることが面接官にもはっきりわかりますし、「どこでもいいから有名企業」という方針で受けているのではないことも伝わります。問題は、その先です。「じゃ、この業界ならどこでもいいの？」と言われないためにはどうしたらいいでしょうか。

ここで立ち返って、前節の「企業の事実の背景」を考える、という手法が生きてきます。いろいろな事実を収集していると、**その企業ならではの考え方や理念**などが見えてきて、その結果、業界の中でも差別化が可能となってくるからです。

たとえば、私がソニーを志望するなら、以下のように言うでしょう。

「パナソニック、日立など同業も応募しております。私は、総合家電メーカーとは、総合商社と流通業とマーケティング・宣伝業の合体した事業体だと考えています。国内販売店の管理はまさに流通業であり、海外現地法人とのやり取りでは総合商社、商品開発からプロモーションに至るまでは、マーケ・宣伝となっているからです。大企業とはいえ普通は1つの仕事しかできないなかで、家電メーカーは、まさにいろいろなチャレンジが可能と考えています（以上、業界志望理由）。〈中略〉
その中でソニーには、常に『今までにない新たな商品をつくることが評価される』という社風があります。それが私のチャレンジ精神を刺激するのです。1978年に録音機能が全くなく、その分、音楽再生クオリティには最大のパフォーマンスを発揮するウォークマンをつくったこと。家電の停滞期にゲームと音楽という2つの領域で伸長していくため、専門のカンパニーをつくったこと。液晶領域では世界戦略の中で、いち早くサムスンとの国際合弁を開始したこと。すべて、ソニーの面目躍如でしょう（以上、企業志望理由）。〈後略〉
併願応募状況→業界志望理由→企業志望理由
この3段階で話すと、志望動機はうまく相手に伝えらます。

まとめ●業界志望理由と企業志望理由は違う

志望企業には類似性（軸）があったほうが、企業には本気度が伝わりやすい。業界志望というのはこの「軸」が見えやすいのでＯＫ。この軸の中でなら、併願応募企業も伝えたほうがよい。ただし、それら併願の中で、今応募している企業が「一番」というところを示すことは必須。

- **まず、志望軸をつくる**
- **次に、他社と違う「独自の志望理由」まで語れるように**

3 感心される「御社の弱点」の語り方

相手に気に入られたいとき、ついお世辞を連発してしまい、その結果、逆に信用されない——時折やってしまう失敗です。「面接」だと気合いが入りすぎて、誰もがこのワナに陥りがちです。

面接メカニズムクイズ⑩

あなたは今、付き合っている恋人の両親に初めて挨拶しているところです。彼（彼女）の両親から、「自分の子供（＝あなたの恋人）についてどう思っているか」という質問が出ました。さて、どう答えますか？

両親は彼（彼女）ととても仲がよく、彼（彼女）のいいところも悪いところもよく知っているとします。もちろん、無理解な人たちではないので、ざっくばらんに話ができる状況です。

①**優しい人です**。小さな子供が寂しそうにしていると、いつも一声かける。重い荷物を持った年寄りに近づき、必ず荷物を持ってあげる。妊婦さんのベビーカーもバスの乗降時にわざわざ降りて持ち上げていた。そういうところが大好きです

②優しい人です。自然と相手の立場に立って考えられる。私と意見が異なるときも、少し私が不機嫌になると、しばらくして、「あのとき、こんなふうに考えたの？気づかなくてごめん」と反省してくれる。そんな彼（彼女）の**思いやりが好きです**

③優しい人です。子供たちや高齢の方をいたわり、私の気持ちも慮ってくれる。その優しさゆえか、**悩んだり傷ついたりしがちでもある**。私は明るさと強さに自信があります。2人のよいところを合わせて、お互いカバーしていきたい

長所だけでは物足りない

もし、本当に真剣に交際していたら、恋人のいいところも悪いところも知っているはずです。自分だけではなく、恋人の両親も同じです。仲のよい親子であれば、互いの長所も短所も十分に知り合っているはずなのです。①②のように、長所だけを話すと、悪い気はしないでしょうが、「この人は、洞察力がないのか」と少し不安になるか、もしくは、「親の前だからいいことばかり言っているのか、本音が見えないな」と思われるかもしれません。

本当に真剣に付き合っていたら、当然、相手の悪いところ、足りないところも目に入る。それをうまく伝えることが、コミュニケーションには必要です。

では、どうやって伝えたらいいのでしょう。それがわからないから、つい「欠点はあえて言わない」ことになってしまうのです。

べつに難しいことではありません。

③の答えでは、自分ならその欠点を補っていける、という間接的な言い方で、相手の足りない点をさりげなく指摘しています。それだけでいいのです。そう、欠点に気づいていること、そしてそれを**自分が補える**ということで、二重に評価されるのです。

「欠点」は軽々しく語ってはダメ

どんな企業も、「もっとここをどうにかしたい」「これさえうまくいけば、業績が急激に伸びる」というポイントを持っています。企業研究を行うなら、そこに迫るまでやりましょう。**そんな「欠点」が見つけられたら、あなたは、他の応募者よりも数段リードしている**ことになります。

そして、その欠点を、自分ならどう補えるか。これを考えてみてください。

ただし、今応募している企業は、事例のように「長く付き合ってきた」恋人ではありません。情報が少ないため、見つけた欠点が「間違っている」可能性も大いにあります。もし、間違っている場合、それは相当なマイナス点となってしまいます。だとすれば、確実だと自信が持てるまで、情報収集を続けること。そう、企業研究が1日では終わらず、1週間かけるべきだ、という理由がわかってきたでしょう。

では、この1週間で情報をどう集めるか。当たり前の方法から書いていきます。

① 企業のホームページ
② 会社四季報・就職四季報
③ ヤフーファイナンスなどインターネット上にある公的情報

④　週刊誌・雑誌・新聞の記事検索
⑤　書籍・文献・論文検索
　家で簡単にできる①③はすぐにチャレンジしてみてください。④⑤は一般の人だと図書館に出かけないとできないでしょう。ただ、1週間あるなら、1日はそれをやってみてください。

裏づけ確認を必ず行う

　ここまでは基礎情報です。さらに、企業の「欠点」を探るための情報補足が必要です。
⑥　2ちゃんねる、知恵袋、みんなの就職などのネットコミュニティ情報
　これも家ですぐできます。ただし、ネットの情報は、信憑性が気になるところですね。そこで、**生の人に聞く**。ではその裏技は何か。
⑦　OB訪問
　学生なら、これが一番です。何の目的も持たずにOB訪問するべからず。面接前の情報収集として、OB訪問を活用すべし。そして、2ちゃんねるなどの匿名掲示板で

言われていることは本当なのか、何気なく聞いてみましょう。このときに、具体性なく聞くと、「そんなことあるわけないだろう」といなされてしまいます。そこで、事例（場所・人・時間などを具体的に）ベースで「こんな噂がありましたが、本当なんですか？」と迫ってみるのです。ただし、心証を害するような「悪口」に聞こえないよう、細心の注意をして。勧めている会社の悪口を言われてうれしい人はいません。

正確で具体的な情報をもとにした突っ込みは、ＯＢにも意外と好印象を与えるはずです。なぜなら、**ほとんどの学生が、何の目的もなく訪問してくるなかで、あなただけが、相当濃い情報を持ち、真剣に話をしている。**そのことが伝わるからです。

⑧　取引先

社会人はＯＢ訪問ができません。そこで頭を働かせてみてください。自分の今いる会社と共通の「取引先」はないか。その取引先から話を聞くのはかなり有効です。自社のことではないので、何の気なしに知っていることを教えてくれるからです。もし、直接の取引先がないなら、取引先の取引先、という形で聞くのもよいでしょう。また、大学の友人、社内の同僚の友人などのつてを使って、情報を集めることも可能です。

学生・社会人とも⑥⑦を忘れずに行いましょう。くれぐれも、**裏取りなしに、「欠点を語る」ことなかれ！**

まとめ●ほめ殺しは、相手に信用されない

企業の面接官は、自社のことを非常によく知っています。当然、長所だけでなく、短所も十分心得ています。応募者が、自社の「長所だけ」を語ると、物足りなさを感じることに必ずなります。そこで、「足りない部分」を語る必要が出てきます。

- **企業の欠点も指摘し、自分が補えるところは補足する**
- **ただし、マイナスの情報は十二分に裏取りをすること**

4 志望動機に時間をかける本当の理由

さて、10分でできること、1日でできることが多々ある面接対策なのに、なぜ志望動機には1週間もかけるのでしょうか？　こんなに時間をかけたうえで、面接官が全く違う質問をしてきたら、大損じゃないか、とも思ってしまいますね。

でもご安心ください。**面接官も神様ではないので、それほど話す話題などない**のです。そして、志望動機は必ず聞いてきます。

そのときの答えは、巻末の「特別付録③志望動機作成シート」にある2つの表がベースとなることがほとんどです。ですから、この表に従って頭を整理しておけば、すらすら質問に答えられることになるはずです。

たとえ質問が想定どおりに進まなくても大丈夫。ここまで勉強し、そして、自分の未来を描いておくと、頭の中にはもう、入社後の自分が歩きだしています。その結果、想定外の質問にも、「歩いている自分」がその場面を想像してうまく答えられるようになっているのです。

企業の情報を集め、その事実の背景も知り、そして、自分はどんな仕事をして、何を学んでいくか。このラインは、面接という活動の中で、一番大事なよりどころとなっていきます。そこで私のような採用にかかわる人間は、**「企業情報・背景・仕事に就いた自分の姿」というラインを「背骨」と呼び、面接に「背骨を立てる」と言ったりする**ことがあります。

「背骨が立っている」人は、何を聞かれても落ち着いているので、面接会場でも文字どおり、ピンと背筋が伸びているものです。

その結果、会場に入った時点でもう他の応募者を圧倒している。

だから、1週間かけてでも企業研究を行うことをお勧めしているのです。

復習「1週間かけて勉強すること」

企業研究を効果的な「志望動機」に結びつけるためのコツが以下の3ポイントです。

1 企業研究は、事実の収集ではなく、事実の背景を企業の外見よりも、企業にまつわる事実の収集。さらにそれよりも、「なぜその企業はそれができたか」＝背景

2 そのメリットは競合でも同じことがいえないか？他社とは違う「その会社のみ通用する独自の志望理由」を

3 ほめ殺しは、相手に信用されない企業の欠点も指摘し、自分が補えると補足。ただし、欠点情報は十二分に裏取りをすること

ここに書いたことは、「相手を知り」「相手の共感を得る」ための基本行動です。面接だけでなく、あらゆる場面で活用できるでしょう。

第4章

「聞きにくいこと」の聞き方「言いにくいこと」の言い方

面接では、つい遠慮がちになり、聞きたいことが聞けない人がけっこう多く見られます。

「残業の質問をしたら、やる気がないと思われてしまうかも」

「給料のことを聞いたら、がめついと心証を害しそう」

誰もが抱く不安です。

しかし、面接とは、商取引であるということを思い出してください。商談にこんな遠慮は無用です。

ただし、商取引だからこそ、ルールもあります。

ここでは、企業とのコミュニケーション上、最低守るべきルールと、「聞きにくいこと」「言いにくいこと」をいつ、どうやって切り出すか、お話しします。

1 どのタイミングで切り出すか

「こちらの都合」がベースになっている質問はしにくいものです。まずは、タイミング、「いつ」聞くべきかの話をします。

面接メカニズムクイズ⑪

あなたは、寿司屋で板前をしています。今日は、とても上物の大トロが入りました。シャリもサビも自信があるのでぜひ、握りでお客さんに勧めたいところです。目の前には一見《いちげん》(初めて店に来た)のお客さんがいます。さて、どのタイミングで、大トロの握りを勧めますか?

お客さんは、服装も振る舞いも立派な紳士。懐具合も問題ない、上客の雰囲気をかもし出しています。さて、あなたはどうしますか？

①お客さんのお腹がいっぱいになると困るし、初めての来店なので第一印象が大切と、**初っ端に**一番自信のある大トロの握りを勧める

②寿司屋の場合、まずは刺し身で一杯やる人が多いので、お酒かどうかを確かめる。**一杯が終わって、寿司に移るタイミング**で大トロを勧める

③一杯飲んだあと、**寿司に移り、1～2貫好みでお客さんが食べたあと、**頃合いを見計らって、大トロを勧める

押し付けにならない商取引

これは、東京の山の手にある、評判のお寿司屋さんに聞いた話です。

寿司屋が大トロをお客さんに勧めるという行為は、営業活動にほかなりません。ということは、強引に勧めれば、お客さんは気を悪くしてしまいます。これは、面接で聞きにくいことを切り出すのと似ていますね。

では、①②③のどれが一番、相手にいやな気をさせずに、受け入れてもらえるか。

①の場合、「相手は初めてなので、何を頼んだらいいかわからず困るだろう」という想定のもと、いきなりこちらのウリを勧めています。しかし、相手が困っているかどうかは、会ったばかりではわからない可能性が高いでしょう。どちらかというと、「安いネタでお腹いっぱいになる前に、本日のウリを食べさせたい」というこちらの都合が透けて見えます。評判の店の大将が実際に語るところでは、「旨い寿司は1貫2貫じゃ腹は膨れやしない。本当に自信のあるネタなら、多少、腹がこなれてからだって、客は十分に堪能してくれる」とのこと。素人だと、気が急くせいで、先走りの結果、失敗してしまう……。やはり、①はないといえそうです。

では、②はどうでしょうか。酒とツマミが終わり、店の雰囲気や肴の具合から、そこそこ板前の腕はわかってもらえている状況です。これなら、問題はなさそうですがどうでしょうか。大将に再度ご登場いただきましょう。

「ダメダメ。通のお客さんは、店の品定めをするのに、自分の食べなれているネタを1つ2つつまむんだな。それで、握り具合、シャリの固さ、酢の状態を確かめる。そんなお膳立てを経ずに、いきなりこっちのネタを勧めるのは礼儀知らずだね」

相手がその気になった瞬間

とすると、正解は③ということになります。③はどこがポイントなのか。

大将の解説は以下のとおりです。

「一杯やって店を見て、1つつまんで腕を確かめ、それで口角が微妙に緩くなったら、『上々』の合図。そうしたら、こっちも最高のネタを勧める。相手が『もっと食べたい』と合図を出したあとだから、いくら勧めても決していやな顔はされねぇ。それが、商売繁盛の基本だろ」

わかりやすいですね。営業でも「相手が欲しい」と思ってくれたら、大きな提案が可能です。恋人だって、相手が求婚してきたら、多少は高価な指輪をねだれます。すべて、**「相手がその気」になったとき**が、チャンスなのですね。言いにくいこと、聞きにくいことは、そこまで我慢するのが、コミュニケーションの基本だとおわかりいただけたでしょうか？

まずは、自分の価値を理解してもらうことに全力投球

寿司屋の話がなぜ面接と関係があるのか、と思われるかもしれません。

でも、面接でもこの基本はそのまま通用します。

あなたが海のものとも山のものともわからないような段階で、いきなり、「お給料はいくらですか？」「結婚したら家族手当はもらえますか？」と聞いては、相手の心証を害してしまうのです。

こうした待遇条件や給与は、**「あなたを採用したい」と意思表明をされた時点で、初めて聞く**べきこと。もう再三話していることですが、面接は商取引なのです。まずは、「あなた」という商品の価値を相手に十分わかってもらうことに全力投球すべきです。そこで、相手がその気になったら、初めてこちらの条件を聞く。

この基本を押さえて、以下のような順番で、「こちらの聞きたいこと」を話していくといいでしょう。

●比較的、仕事に近い話――→初回の面接で聞いてかまわない

残業時間、休日休暇の取得について。これは失礼に当たらない質問です。職務内容をよく知るためには必要なことだからです。ただし、初っ端は避けて、雰囲気がなじんだところで聞くとよいでしょう。

女性が長く働けるか（結婚後も働けるか、育児休暇等）。これを聞いても多くの企業では「もちろんです」という答えしか返ってこないものです。そこで、「長く働いている女性社員はいますか」と質問し、そういう女性がいた場合、その方の勤続年数・結婚・子供・勤務状況などを聞いてみるのがよいでしょう。応募者も、企業の内情を知るには、「具体的な事実を探る」ことが重要です。企業があなたに対して「具体的な事実」を知りたいのと同じですね。

●処遇（役職・配属先）――→初回の面接で聞いていいが、終盤で聞く

仕事の内容に大きくかかわる話ですが、相手もあなたの能力を十分わかっていない段階では具体的に答えづらいでしょう（募集時に役職と配属先が特定されている場合は別です）。初回の面接で聞く場合は、一通りアピールが終わり、会話がはずんで、面接も終盤に差し掛かった頃がよいと思います。

●給与・待遇条件──→詳細を聞くのは2回目以降の面接で

(給与・ボーナスなど)報酬について。まだ入れるかどうかわからない会社に対して、いきなり金銭のことを聞くのは、マナー違反。2回目の面接以降で、企業側が採用方向となったときに、聞くべきです。どうしても初回の面接で聞きたい場合は、直接の上長ではなく、一緒に面談をしている人事の人に聞くのがよいでしょう。それもなるべく、帰り際などで、人事の人と1対1になったときに。

ボーナスはちゃんと出るか、会社がしっかりとしているか。これも2次面接以降で、人事に聞くのがよいでしょう。ボーナスのルールなどは、通常「就業規則」に記されています。そこで、「就業規則はありますか」と質問してみる手もあります。就業規則があれば、会社自体もそれなりにしっかりしていると思われるので、この質問は「会社のしっかり度(とくにベンチャー)」を測るうえでも有意義でしょう。

まとめ●聞きにくいことはいつ切り出すべきか

いきなりこちらの都合から切り出すことはやめましょう。相手がその気になったときこそ、言いにくいことを話すチャンスです。面接は商取引。商取引にはマナーが重要です。

・仕事関連なら↓初回の面接の中盤以降で
・待遇・条件なら↓2回目以降の面接で

2 誰に聞けば心証を悪くしないか

今度は「聞きにくい質問」を誰にするか、です。
相手を選ぶことで、すんなり聞くことができる場合もあります。

面接メカニズムクイズ⑫

あなたは今、ケガで短期入院をしています。明日の午後は、大切な打ち合わせで会社の人が病院に来ます。そのため、夕食は彼と近くの食堂で取り、病院食を断ることにしました。さて、誰に許可を取りますか?

ケガは、たとえば、骨折や捻挫などの完全な外傷であり、内臓などへのダメージはないものとします。この場合だと、主治医は外科となるでしょう。

①ケガの回復状況や、化膿止めの抗生物質を飲んでいるのを考えて、**主治医に**外食が可能かどうか聞く

②ケガの回復期のため、栄養バランスが大切と考え、**病院食をつくっている管理栄養士に、**外食が可能かどうか聞く

③**日常的に身の回りの手配をしてくれている看護師に**状況を話して、外食の許可を得る

果たしてその質問に相手が答えられるか？

あまり難しく考えないでください。

ここでのポイントは、2つ。**相手がその質問に答えられるか**ということと、**相手の心証を悪くしないか**だけなのです。

①は、2つの意味で間違っています。まず、外科のドクターが食事管理を直接する

でしょうか。普通はしませんね。2つ目は抗生物質で食事の取り合わせが問題になることはほとんどない、ということです。抗生物質は風邪などでもよく使いますから、みなさんも経験上、ご存じでしょう（アルコール制限はありますが）。つまり「外食の可否」が、「食事制限」という意味なら、ドクターにすべき質問ではないのです。仮に聞いても、ドクターの答えは食事とは関係ないものになるでしょう。「今治りかけだから、外に出るのはダメ」とやぶへびになるのが目に浮かびます。つまり「心証を害する」可能性大なのです。「いいですよね？」という確認の意味で聞くのなら、ドクターを選ぶべきではありません。

②もだめです。管理栄養士は食事の責任者であって、すべての入院患者の状態を個別に把握はしていません。また、それがわかったところで、「じゃあ、明日の夕食のキャンセルの手配を私がしておきます」と言う権限もありません。

答えは③です。病院食の中身だけでなく、あなたの身の回りのこまごましたことは看護師にしかわかりません。逆に、そうしたことがわかっているから、よほど長時間でない限り、多少の外出も目をつぶってくれる可能性は最も高い。この3人のなかであれば、看護師に伝えることが正解です。もちろん、回復期にアルコールは厳禁なので、お酒はつつしみましょう。そして、帰りに看護師にお土産を買ってくるくらいの心配りは欲しいところです。

面接で主治医に当たるのが、「配属される職場の上長」です。上長ができること、できないことをざっくりまとめると、次のようになります。

① 採用ジャッジに関して、かなり強く意見を言うことができる
② 待遇や労働時間などについては、人事ほどよく知らない
③ 他部署のことや全社的なことについても詳しくはない

ならば、**上長に聞く質問は、仕事のこと、職場環境のこと、着任後の役職、**などに限られてくることがわかるでしょう。それ以外のことは答えにくいですし、心証点もよくはならない可能性が高いのです。

仕事内容以外のことは、極力、人事の人に聞いてみましょう。面接で人事の人が同席していなくても、待ち時間や終了後などには、顔を合わせることができるはずです。この時を見計らって質問してみましょう。

まとめ●聞きにくいことは誰に話すべきか

「その人にわかる質問か」「その人の心証を害さないか」がポイント。

・上長には仕事・職場のことを聞く
・待遇・環境・全社のことは人事に聞く

具体的な事例の研究

本章では「言いにくいこと」を伝えるときの原則を押さえましたが、実際の応募場面では、基本どおりにうまく実践できない場合が多いものです。ここでは、具体的事例に沿って、どのように話すべきかを考えてみます。

事例Ⅰ・後ろ向きな退職理由を言う
事例Ⅱ・雇用形態の不満を転職理由にする
事例Ⅲ・契約満了を退職理由にする
事例Ⅳ・業績不振を転職理由にする
事例Ⅴ・女性に理解のある会社かどうかを聞く
事例Ⅵ・語学・資格・専門ノウハウを志望理由にする
事例Ⅶ・心機一転を転職理由にする

事例Ｉ　後ろ向きな退職理由を言う

退職理由で最もいけないのが、「後ろ向き」な話だといわれています。たとえば、「上司と仲が悪い」「残業がいやだ」「仕事がつまらない」などというもの。ただし、後ろ向きでも、みんなが納得する理由ならば、立派に転職理由となるのです。要は、納得できるものであるかどうかです。

①雰囲気が悪い

「なぜ雰囲気が悪いのか」によります。それが、あなたや周囲の問題ではなく、会社に事情があるならば、まっとうな理由になりやすい。たとえば、「業績不振」「リストラ」「給与が出ない」など。こうした場合は、退職理由は「雰囲気」ではなく、ここに挙げたような会社の具体的状況を話しましょう。

②残業が多い

これも、残業時間の多さによっては正当な理由となる場合もあります。たとえば、月１００時間を超えることがしばしばあるなら、多くの企業は「もっともだ」と考えます。月50時間程度でも、それが毎月ならば「確かにハードだ」と納得する場合が多いでしょう。月50時間以下になると、ことさら残業が多いとはいえません。30〜50時間程度なら、「定時が長い（8時間超）」「完全週休2日ではない」といった場合のみ、なんとか理由として成り立つと思えます。

30時間以下だと、残業を退職理由とするのは困難です。「規定の残業代が支給されない」といった場合を除き、特記すべきではないでしょう。いずれの場合でも残業時間を退職理由にする場合には、以下のことをはっきりさせておくことが大切です。

まず、企業がとても忙しい時期は、当然残業も前向きに受け入れる、ということ。たとえ応募する会社が残業のほとんどない場合でも、「残業があるのはいやです」と明言する人の採用には二の足を踏むものです。どんなに残業が少ない企業でも、繁忙期には例外的に残業が長くなることがあるからです。「絶対残業はいや」という人だと、採用する企業側が不安になります。そこで、「繁忙期に残業があることはかまわない」といった姿勢が求められるわけです。このあたりは会社で働く人に当然の自覚として求められることでしょう。派遣やアルバイト感覚は、通用しないのです。

事例Ⅱ　雇用形態の不満を転職理由にする

履歴書を拝見していると、「派遣社員がいやになった」「正社員になりたい」「総合職になりたい」といった転職理由をよく目にします。一見合点がいきそうですが、これもけっこう問題を秘めています。

これらはすべてあなたの希望であって、企業には関係のない話。つまり、「積極的に採用しよう」という気にはなれないのです。「派遣がいやになった」「正社員になりたい」「総合職になりたい」のであれば、なぜそう思ったかをまず分析してください。

ここでまた、「長く働きたいから」「安定しているから」「福利厚生が充実しているから」といった動機を話しても、やはり意味はありません。繰り返しますが、それは企業にとってその人を積極的に採る理由にならないからです。

そうした待遇・身分保障的な面ではなく、働く本質の部分でのデメリットを思い出してください。

◎私は正社員（または総合職・上司）以上に働いている
◎私は正社員（または総合職・上司）以上に能力がある
◎私は正社員（または総合職・上司）以上に経験や知識がある
◎私は正社員（または総合職・上司）以上に努力している

このようなことに思い当たるとき、初めて、雇用形態の壁が退職理由になるのです。

そこまでがんばっている、能力がある、ということは、次の企業でも力を発揮するに違いない、と映るからです。

この場合も、本書で何度もお話ししているように、「具体性」を付け足してください。どうがんばっているのか、どう能力があるのかを過去の勤務実績の中から「事例」を挙げて説明をする。もし、事例がないなら、日々どのような努力をしてきたかを話してもかまいません。そうした実例を伴って初めてあなたの主張は説得力が高まるのです。

そこまで能力・努力・実績のあるあなたが理不尽な処遇をされていたことは、もちろん正当な退職理由になりえます。

事例Ⅲ　契約満了を退職理由にする

契約満了は、よく考えると退職理由として不完全です。派遣でも契約社員でも、普通は契約満了の場合、再契約や契約延長になることが多いからです。派遣なら、契約満了時に他の会社を紹介してもらうことも可能です。なぜ、それがなかった(または拒んだ)のか？　正当な理由は以下のような場合に限られてきます。

◎契約社員の契約上限年数・上限年齢等が決まっているため、最終契約となった
◎部署の性格上（プロジェクトなどのため）、契約期間があらかじめ決まっていた
◎法律上の契約期間の上限に達してしまった
◎企業自体がリストラを進めているため、非正規社員の雇用が確保されなくなった

こうした場合以外で、会社側が契約を継続しない、というのであれば、何かしらの問題が企業とあなたの間にあったのではないか、と受け取られかねません。

なぜ、再契約がないのか。「ない」のではなく、あなたの意思で「しない」のではないでしょうか。もし後者なら、「再契約しない」理由が本当の退職理由となります。

ここでは、前項で書いたとおり、「不安定」「待遇が悪い」といった後ろ向きの話ではなく、「(事例ベースで）やりたいこと、努力・実績・能力」を訴え、それに見合う待遇・職務が欲しい旨を伝えることが、相手も納得する退職理由となるでしょう。

事例Ⅳ　業績不振を転職理由にする

①事業縮小のため、退職せざるをえない状態になった

② 事業縮小で、周囲の雰囲気が悪化し、自ら退職を選んだ
③ 事業縮小で、自分の希望しない職務に異動となったため、自ら退職を選んだ

①②の場合は、会社の経営がどのような状態であったのかを示しましょう。給料が遅れる、顧客からクレームの電話が頻繁に入り仕事にならない、人が減って業務量がとても増える、その逆で仕事がない、みなが戦々恐々としていて仲が悪い。こうした「退職するのももっともだ」という状況を伝えるべきです。

ただし、客観的事実のみに絞り、企業の「非難・批評」等は口にしないのがマナーです。あまり悪口を言うと、「この人はわが社に入社しても、陰口を言うのではないか」と思われかねません。

難しいのは、③です。希望しない職務を任されたので辞める――これだけだと、わがままと思われかねないからです。

◎ スペシャリストとしてその道を歩んできた
◎ 資格や語学など、その道で必要な知識も十分に蓄えている

などはもっともらしい理由ですが、業務内容がほとんど同じ事務職や営業職で単な

る事業部間の異動などの場合は、理由になりえないでしょう。

繰り返しますが、退職理由が「自分の希望がかなえられなかったから」に寄りすぎている場合、「わがまま」ととらえられることになりがちなのです。

事例Ⅴ　女性に理解のある会社かどうかを聞く

◎育児休暇が取れるか
◎結婚しても働けるか
◎産前産後休暇があるか
◎フレキシブルな働き方ができるか

これらは、すべて「あなた」の希望であり、企業側が採用することとは何ら関係のない話です。こちら側の事情のみを訴えることは、交渉ごとでは厳禁、という鉄則を思い出してください。

こうした条件は、自分の能力、性格、タイプ、実績などを十分に話し、あなたをぜひ欲しい、と思ってくれた企業に対して、初めて持ち出すべきです。まずは、「あなた」のアピールを考えましょう。

どうしても、聞かなくてはならない事情がある場合は、以下のことに「イエス」と言えるかどうか、あらかじめ考えておいてください。あなたが「育児休暇は取れるか」「短時間勤務が可能か」などの質問をすれば、企業は、「短い時間で期待された成果があげられるか」を当然気にするからです。

◎言われた仕事をテキパキこなせるか
◎責任感があり、途中で放り出したりしないか
◎周囲の誰かの悩み事などの相談に積極的に応じて、グループを仲よく楽しくするタイプか（自分のピンチヒッター役になってくれる職場の同僚に配慮ができるか）

こうしたことに「イエス」と答えられ、さらに今までも「確かにそうだった」という具体的な事例を挙げられること。何度も言いますが、具体的事例のない会話は真実味が伝わらないことをお忘れなく。

事例Ⅵ　語学力・資格・専門ノウハウを志望理由にする

◎語学力を活かしたい
◎資格を活かしたい

◎経験を活かしたい

実務経験があるなら、これらの希望は、企業にとってもウエルカムなことでしょう。それでも以下には注意すること。

◎現在もその関連の仕事をしている（＝希望の仕事）はずなのに、なぜ辞めるのか。その部分の説明が必要

◎実務の具体的なレベル、また実務をこなすうえで、周囲の人から信頼を得ていたか、仲よくやれていたか、などをアピール

実務経験がなければ、資格や語学力のアピールは効果薄です。語学力も各種資格も、学校で学んだ知識だけでは、実務で役に立たないことが多いのです。実務未経験ならば、資格、語学力のアピールはほどほどに。アシスタントとして、簡単な業務や定型的な仕事などを行う、多少雑用を任されてもかまわない、ということをはっきり話すほうが得策でしょう。

事例Ⅶ　心機一転を転職理由にする

◎今までの仕事に飽きた
◎新しいキャリアを身に付けたい

これらは、本書で繰り返し述べてきた「具体性・納得性」に欠ける典型的なケースです。なぜ今までの仕事に飽きたのか。何も説明がないと、単に飽きっぽい性格と受け取られるでしょう。「7年も同じ仕事をしているので」と年数だけを示しても、企業からは「それじゃあ、あまり長く1つの部署に勤務することを嫌う人なのだ」と思われます。

今までの仕事が飽きた、ということが納得できるくらいに、現状の業務の単調さ・進歩のなさなどを「具体的に」説明することを試みてください。

ただ、こうした現状批判だけだと、退職理由としては合格点とはいえません。「私は本来○○だ」「○○な能力がある」。それなのに、単調な仕事だけでは満足できない、というときの「○○」の部分をできる限り具体的に・前向きにアピールする努力を頭に入れておきましょう。

◎ ○○がやりたい
◎ 手に職をつけたい
◎ 専門性を高めたい

これも非常によく見かける転職動機です。この場合も企業には「なぜそう思ったのか」という必然性が伝わりません。「なぜ」をまず明確にしてください。ただし、「一生働いていけるから」「給与が高いから」「将来また転職（独立）できるから」などの理由は厳禁です。これは、何度も出てきた「あなたの事情」の説明であって、会社にとって、何の魅力にもならず、下手をするとマイナスになるからです。

これから進みたい道に、あなたが向いている、という根拠は何か。よく考えてください。活かせる能力・経験、全くの未経験なら、どれくらい長くそう思っていたか、という意志の固さや、その方面に向けて勉強しているなどの努力を訴えてください。

復習「誰に、いつ、どのように？」

この章では、「相手を知り」「相手の共感を得る」ための基本行動を書きました。それは面接だけでなく、深いコミュニケーションが必要な、あらゆる場面で活用できることでしょう。

聞きにくい質問は、２次面接以降に
聞きにくい質問は、上長ではなく人事に

第5章

会社選びを間違っていないか？

この章ではあなたにボールが移ります。

今までは「面接官に対してどう対応していくか」という受け身の立場でした。

今度は、あなたが、「この企業に入るべきか否か」を判断する側になります。

さあ、ここで大問題が発生。

考えてみてください。「見られる」ということを常々意識していたみなさんにとって、どう「見るか」は全くノウハウがないのではないでしょうか？

ここでは3つほど、典型的な「見る」訓練をします。

1 大成功するベンチャー経営者を見分ける

この章では、「あなたが実際に企業と面接している」という設定で話をします。いずれも面接で頻出する光景です。まず最初は、「よいベンチャー経営者」の選び方です。

面接メカニズムクイズ⑬

あなたは今、いずれも30代の若手社長が経営する業績絶好調のベンチャー企業に応募しています。以下のどの企業が今後一番ビジネスで成功すると思いますか?

従業員数100人で、まだまだ社長自身で社員全員の顔がわかり、創業時メンバーも多いため、やっかいなトラブルが起きても、各自の経験、判断でテキパキさばいていける、イキのよい大きさの企業とします。

①「うちの社長は、とにかく**アイデアマンだ。**次から次へとアイデアが浮かび、それを着実に計画に落として実行していく。天才肌だね」と人事が言うA社

②「うちの社長は、**お金に強い。**銀行対策や上場計画など、とにかく、企業拡大に向けた金策に抜かりがない。資金繰りの鬼だね」と人事が言うB社

③「うちの社長、最近目立ってないな。財務は一緒に立ち上げた**側近に任せて、**事業のほうはヘッドハンティングした大手出身がやっている。今何考えているんだろう」と人事が言うC社

ビジネスや経営を間近で見続けた経験がない人は、A、B、C社のどこをどう見ればいいか、悩むことになります。ほとんどの読者のみなさんが、そうではないでしょうか?

消去法で言うと、とりえのない社長がいるC社が一番危なそうですね。ところが、予想に反して大化けしていくのは、C社である場合が多いのです。

ここから先は、私が見てきた経営者を事例に話していきましょう。

アイデアも体力も必ず衰えがくる

A社のようなあふれんばかりのアイデアを持つ経営者がいる企業。みなさんが「いいな」と思うのは、こういうベンチャーではないでしょうか。事業に次々に成功し、会社は大きくなっていく。しかし、このタイプの企業は、中成功で終わることが多く、大化けした場合でもたいてい短命に終わるのです。なぜ、才気あふれる若き経営者が、大成功できないのでしょうか。

理由は2つあります。1つは、企業は大きくなっていくと、**天才1人では支えきれない段階が必ずくる**ということ。その段階での経営者の仕事は、たくさんの人で管理され、たくさんの人に仕事が配分される仕組みをまわす組織経営になります。

アイデアマンの社長は、アイデアを生むことと、それを事業にすることには熱意がありますが、組織経営に関しては全く興味がない場合が多い。企業が自分の予想を超えて大成長した場合、初めて「組織経営」の必要性に気づき、そこから勉強を始めるのです。しかし、時すでに遅し。MBAの教科書で速習するなど、もちろん無理です。そうして、経営に行き詰まっていく。

もう1つ理由があります。それは、**アイデアには限界がある**、ということです。30代も後半にさしかかると、こうした「瞬発的に発揮されるものすごい力」は、徐々に衰えだします。若いときは、自分のアイデアとバイタリティで危険な賭けにも勝ってきたのですが、そういう積極果敢さとは裏腹に、アイデアとバイタリティは衰えを見せ、徐々に勝てなくなっていく。そういう行く末が見えるのです。

整理はうまいが、賭けは下手なBタイプ

では、次の「資金繰りに強い経営者」はどうでしょう。大企業なら、保守的健全経営の名社長として、財務畑出身のこういうタイプは珍しくないと思います。ところが、ベンチャーだと、資金繰りに強い社長は、あまり大成しないケースが多いのです。

その失敗例は2つのタイプに分かれるでしょう。

1つ目は、保守的経営をする人、つまり無謀な借金をつくらないタイプです。彼らは、創業社長が放漫経営をしたため、側近である自分が創業者を追い落として社長になった、というケースが多いでしょう。創業者に代わって彼がやったこと。それは無駄な出費を削ることがそのすべてだったりします。つまり、**何も「攻め」ができない**。こういう社長は、今の事業が行き詰まったときに、若手を抜擢したり外部の血を入れたりして、大胆な新規事業の展開などを打ち出すのです。

その行く末は2つの道に集約されます。1つは、起死回生の事業に対し、財務的な

観点から細かい縛りをかけ続け、結局、現場のやる気を喪失させてしまうケース。もう1つは、現場に介入することを遠慮し、放漫経営が横行するという、皮肉な結末です。

お金だけが目的の「もう1つの」Bタイプ

資金繰りに強いベンチャー経営者には2つのタイプがある、と書きました。2つ目のタイプは、保守経営とは縁遠いタイプです。放漫経営、それも、全く無計画・無思慮な経営を行っているような会社です。なぜ、そんな人が「資金繰りに強い」のか？

彼らは、銀行や株主に**「金を無心する」ことに長けているだけ**なのです。

実際、このタイプの経営者は、景気が少しよくなると必ず多数現れます。

私は、社会人新人時代がちょうどバブルの真っ最中で、ビジネスパーソンとして脂が乗り切った30代中盤にITバブルを目の当たりにしました。そして、サラリーマンを辞める直前がリーマンショック前のサブプライムバブル。いやというほど、バブリーな経営者を見てきたのです。

彼らと話をすると、どんなことを言うか。

まず、目論見書（これからどう経営していくか）を自慢げに振りかざします。その目論見書をもとに、流行ものの特許やビジネスモデルを使って、大手や有名企業と連携をし、今までビジネスの白地となっていた領域をうまく取る、という夢物語を話します。そして、彼らは、株主・銀行・投資銀行などから、大金を集めたことを自慢します。

よく聞いているうちに、計画にほころびが見えてきて、そこを質問すると、彼らは平気でこう答えるのです。

「銀行が何億円も出してくれているんだ。それがすべてだよ」

本当の話です。こうした経営者は、ABCの中で最も早く消えていきます。しかし、またバブルが起きると、必ず出てきます。その繰り返しには正直、辟易するところがありました。

しかし、彼らのビジネスはどんなに大きくなっても、従業員100人が限界です。

「丸投げ」と「権限委譲」の差は？

最後にC社です。配下のデキる部下に仕事を託す、という経営手法です。組織経営ともすれば、経営者の「個人商店」の延長から脱せない中で、いち早く、組織経営を標榜している。これなら、確かに有望です。

しかし、従業員たった100人で、もうこうした権限委譲をしているのは、少し早すぎるかもしれませんね。ひょっとすると、「放任経営」いや「丸投げ経営」だったりもします。

さて、前者なら先ほどお話ししたとおり名経営者の可能性は高い。後者なら全くその逆になります。ここが見分けのポイントとなる。

その方法は、しごく簡単なことです。

人事でも社員でも中間管理職でも役員でも誰でもいい。面接で会った企業の人たちの話をよく聞き、「社長のことを好きか」「社長のことを信頼しているか」「社長のことを評価しているか」を見極めてください。「丸投げ経営」の場合、彼らの顔は必ず曇ります。一方、健全な組織経営への脱皮ならば、**彼らの表情は明るい**はずです。私が取材や営業で出会ったこうした「評判のいい」「組織経営をしている」ベンチャー社長の一番手としては、サイバーエージェントの藤田晋さんが挙げられるでしょう。

そしてもう1つ。

こうした「組織経営を志す」経営者は、組織設計もしっかり考えています。その基本には、各種制度を過不足なくつくり上げることが必要です。

つまり、制度が適度に整っているかを見れば、「単なる丸投げ」か「権限委譲か」がわかるのです。まだ50人以下の小さな会社であれば、「就業規則」があるかどうかは大きなポイントです。これがあれば、賞与や就労時間などについて基礎的な取り決めができていることになるからです。ただ、多くの若い企業は、就業規則を用意していなかったりもします。

だから若い企業に応募したときは、内定直前くらいまで進んだところで、「就業規則があるかどうか」を質問してみるのもよいでしょう。

小さな規模のときから、就業規則をちゃんとつくっているような社長なら、将来、立派な「組織経営」をする社長へと育っていく可能性が高いのです。

まとめ●大成功するベンチャーの社長とは

・〈資金繰り上手〉よりも〈アイデアフルな活動家〉
・もっと言えば〈経営や人事・組織に興味がある人〉

2 古くても馴染みやすい会社を見分ける

次は大手老舗企業の見分け方です。日本型の年功序列を守り抜いている会社にあって、就職や転職で外から入ってくる人間がうまく馴染んでいけるのか。そこが心配ですね。

面接メカニズムクイズ⑭

あなたは、古くからある大手企業に応募しています。面接官は、あなたの直属の上司になる人（45歳・課長）です。面接官に対して、あなたは「20代の若手社員とよく飲みに行くか」と聞いています。さて、どの答えなら、この会社で働くべきでしょうか？

面接でこういう質問はＯＫなのか？　少し不安になるかもしれませんが、全く問題ないでしょう。そもそも、これくらいの質問で、「失礼だ、こんな応募者は不採用！」という会社だったら、それ自体「古くさくて馴染めない」から入らないほうがよいのです。さて、以下の3人はちゃんと答えてくれました。

①　会社の行事以外では、**ほとんど行かない**、と言うA課長
②　俺の一声で、**みんなついてくるよ**、と言うB課長
③　よく若手に**誘われて行くね**、と言うC課長

A課長は問題外、B課長とC課長は？

年齢や立場の違う人と、上手にコミュニケーションできているかを、ここでは見ています。こうした「自分とは違う人」と一緒にいてうまくやっている上司なら、「外から入った」あなたの考えや仕事の進め方なども、一定の理解を示してくれるはずです。

そういう意味で、A課長は問題外でしょう。

では、B課長とC課長はどうでしょうか。

B課長は「強引に連れまわす」だけで、みんなが辟易している可能性があります。C課長は「嫌われたくないがために部下にゴマをすっている」弱々しい上司である可能性があります。そう、どちらも、「本音で立場の異なる人とコミュニケーションがとれている」わけではない可能性があるのです。

では、それをどうやって見極めるか。

彼らに、**飲み会ではどんな話をするのか**、深く聞いていきましょう。

べつに、B課長の部下が、彼に合わせてサザンを歌っていても、C課長が、若者に合わせてラップを刻んでいても、そういうことで、「ああ強引だ」「迎合だ」とは評価しないでください。問題は、そういう表層ではないのです。

コミュニケーションがとれていない上司は、必ず**「近頃の若いヤツは」に類する発言**を始めるのです。この言葉が出たら、ヤバいと考える。それが見分け方の極意なのです。

たった5歳下の後輩を「子」と呼ぶ感覚

ちょっとした言葉に、部下との関係の本質が見えるものです。そんな例をもう1つ。これは、30代前半くらいのリーダークラスの人たちが、20代の若手とうまくいっているかどうかを見るための言葉です。30代前半の者が、20代を「子」と呼ぶことがありますね。「ああ、**あの子は、なかなか頭のいい子**だね」とか、「**あの子はがんばり屋さん**だから」など。年齢にして5歳程度しか変わらず、しかも、大学を出て5年もたっている大人を、「子」と呼ぶのです。そこには、うっすら「上から目線」が透けて見えませんか。彼らが40代で課長となったとき、「最近の若者は」と言う姿が目に浮かびます。

1次面接などでは、こうした30代前半のリーダークラスが面接官になる場合が多いでしょう。彼らが、若手を「子」と呼ぶかどうか。注意して聞いてみてください。もちろん同じ会社内でもそうである人と違う人がいるのは当然なので、「この人はこの会社で一般的な人なのか、浮いている人なのか」というあたりも観察しましょう。

若者と上手にやれる上司は女性にも優しい

「文化・年代の違う人の立場や考え方も、ちゃんと理解してもらえる会社」。実はこの問題は、「子育て女性が働きやすい会社かどうか」にもつながる部分があるのです。文化・年代が異なる人でも尊重し合える職場は、女性や子育て中の人をもうまく受け入れてくれます。

女性支援と標榜して、育児休暇や短時間勤務など、制度設計に力を入れている会社をよく見かけます。でも、こんな制度＝箱モノでは、全く意味はありません。

女性支援制度がすっかり整っている会社において、夜の6時半から平気で会議を始める上司がいたりします。働くママは、保育園に子供を迎えに行くために、どんなに遅くても6時50分には会社を出なくてはならない。イライラドキドキしている彼女に対して、

「君、気持ちが入っとらんよ！」

こんな上司がいたら、どんなに制度が整っていてもダメです。

やっぱり大切なのは、「立場の異なる相手を理解できるかどうか」のほうなのです。

まとめ●立場の違う人を理解できる上司か？

就職も転職も、今までいた世界から違う世界へと移ることを意味します。当然、そこには考え方や習慣の違いがあるはず。その違いを温かく見守ってくれる上司かどうか。それを見極めておきましょう。

・「最近の若いやつらは」と言う上司はダメ
・5歳下の後輩を「子」と言う先輩もダメ

3 女性に優しい会社かどうかを見分ける

男性のみなさんも「関係ない」とは思わないでください。女性、それも子育てママに優しい会社は、「異なる立場」にいる人に対して目配りができる「人に優しい」会社なのです。

面接メカニズムクイズ⑮

あなたは今、「女性に優しい会社」を探しています。以下のどの会社が女性に優しいでしょうか？

① 子育て経験のある女性が**役員**をしているA会社
② 子育て経験のある女性が**部長**をしているB会社
③ 子育て経験のある**複数の**女性が**課長**をしているC会社
④ 子育て経験のある**多数の**女性が**係長**をしているD会社

15年前は女性総合職は稀少な存在だった

このクイズは、かなり端的に今の日本の問題点を表しています。日本の会社にはまだまだ女性の管理職（課長）が少なく、大企業の平均は2％程度です。

なぜでしょうか？　日本は1986年に男女雇用機会均等法（以下、雇均法）が施行され、1999年に改正・強化されて、ようやく「正社員総合職にも女性を登用する」雰囲気が生まれてきました。

それ以前、企業には女性といえば事務アシスタントしかいないという状況だったのです。その裏返しともいえますが、だから4年生大学まで進む女性も少なかった。女性の大学進学率は1980年代までは1割程度でした。

ただ、雇均法が強化された直後に、日本はバブル崩壊による大きな不況に突入します。その結果、大手企業の新卒採用は抑えられ、女性採用は事実上進みませんでした。2000年以降になって、ようやく大企業の総合職に女性が採用されることが浸透し始めます。それからまだ15年ちょっと、というのが現実なのです。

現在では、女性の大学進学率も男性と差がなくなり、大企業の女性採用も格段に進んでいます。4大卒正社員採用に占める女性の割合は4割を超えました。つまり、社会人の入り口では、ほぼ同等にまでなってきたのです。蛇足ですが、女性の場合、こうした正社員総合職としての就職もでき、同時に、旧来のように事務アシスタントとしての就職も普通にできるため、入り口時点では男性よりも若干、就職の受け皿が広いといえるでしょう。

ところが、まだ男女平等にはなっていないという現実が、30代になるとやってきます。結婚・出産を経た後、育児休暇を取るのは99％が女性。つまり、この時点で女性はキャリアが途切れてしまいます。

育児休暇から復職しても、子供の保育園の送り迎えや突然の病気で早退などがあり、女性たちはまっとうにキャリアに没頭できなくなるのです。

つまり、女性は30代でキャリアよりも家庭を取らざるをえなくなる。実は、日本だけでなく欧米でもこの傾向は強く、どの国でも30代女性の労働参加率が低くなる（40代でまた上がる）ことを指して「M字カーブ問題」などと呼ばれているのです。

スーパーウーマンの悪影響

では、こうした30代の子育て女性にも優しい会社はABCDのどこか？

まず、AとBは危険です。

女性の社会進出がつい最近始まったばかりの日本で、部長や役員にまで女性がなっています。たぶん、彼女たちは人並みはずれたバイタリティや能力を有する「スーパーウーマン」の可能性が高いでしょう。ネットメディアの某女性社長や、コンサルティングファーム出身の有名エコノミストの名前が頭に思い浮かびませんか？

彼女たちのようなスーパーウーマンが「子育て女性」の先例となっていると、**周囲の期待値＝「できて当たり前」のレベルが高くなりすぎている**危険性があります。

「あの役員の若い頃はもっとがんばってたよ、弱音を吐くな」と。

そして、女性支援制度も、彼女らに合わせたかたちになっているという問題があります。

育児をする女性が普通に働くためには、彼女たちがフレキシブルに出勤できて、そのフレキシブルさを実現するために、周囲の人に彼女の仕事をうまく差配する、そんな共同参画型の職場づくりや制度が望まれるところなのです。しかし、スーパーウーマンの場合は、子育て時も寸暇を惜しんで仕事に没頭し、どちらかといえば、家事・

育児のほうを誰かに任せる、といった働き方になりがちです。彼女たちに合わせた制度だと、フレキシビリティや仕事量の調整ではなく、ハウスキーピング手当やベビーシッター補助などが充実していたりする。その結果、**普通にママをやりながら働く、ということが実現しづらくなっていたりする**のです。

企業のタイプでCかDが決まる

では、ＣとＤではどちらがよいでしょうか。

これは、企業のタイプを見ないと判断できません。つまり、古くて大きな会社で出世が遅いのか、それとも、新しくて柔軟性に富む会社で出世が早いのかということです。

先ほど話しましたとおり、女性が企業で本格的に総合職として採用され始めて、十数年しかたっていません。第一世代の総合職女性は、今、30代後半に差し掛かったところです。

大手企業もしくは中堅・中小でも老舗企業は、係長になる年齢が35歳前後。対して課長になるのは40歳前後。つまり、まだ課長年齢に達していないのです。とすると、こうした大手・老舗企業なら、「係長がたくさんいること」が、女性がちゃんとキャリア形成できている証しといえます。

一方、ベンチャー系企業や日本参入したばかりの外資などは、年輩社員が少ないために、昇進がスムーズに行われます。そこで、30代前半で普通に課長になっていく。だから、こうした出世の早い企業だと、総合職第一世代の女性が課長になっていてもおかしくはないのです。ただ、こうした企業の場合、大手企業や老舗企業のように年功序列で全員一律昇進ということはありえません。つまり、課長になっている人もいるし、まだヒラの人もいる、という混在状態になるはずです。そこで、女性課長が大多数とは言わないまでも、それなりにいる、くらいが目安になるでしょう。

かたちだけの女性支援を見破る

「女性支援」を標榜するために、かたちだけの女性管理職を増やす、という企業も少なからずあります。最後に、こうした企業を見分ける術を短く書きます。

かたちだけの女性管理職として企業がよく使うポストは次の3つです。

① 広報・宣伝系
② 秘書・社長室系
③ お客さま窓口系

これらの部署にばかり女性管理職がいる会社は、「かたちだけ」という可能性が高いと思っておいてください。かたちだけ、とまでは言えないのですが、「1つの部署にのみ女性管理職が突出して多い」という場合も、何かしらの問題があると考えたほうがいいでしょう。たとえば、営業にしかいないというと、やはり「スーパーウーマン」的な制度設計の可能性があります。事務や研究開発などのスペシャリスト部署だけだと、子育て終了者を中途採用しただけ、ということが考えられます。

普通に採用して普通に育成した結果なら、いろいろな部署に人数比に応じて女性管理職がいることになります。そういう企業は、「女性が働きやすい」という証しになるでしょう。

まとめ●女性に優しい会社とは

女性の総合職採用が本格的に始まって、まだ15年ほど。今、30代後半くらいの女性たちがその会社でどんなポジションにいるかを見る。この年代は、大手企業なら係長、中小・外資・ベンチャーなら課長適齢期。

・スーパーウーマンが1人いる会社より、女性係長が複数いる会社

復習「企業を見極める」

1 大成功するベンチャー経営者とは？
経営や人事・組織に興味がある人がベスト。次にアイデアフルな活動家、その下が資金繰り上手

2 立場の違う人を理解できる上司か？
「最近の若いやつらは」と言う上司、年下の後輩を「子」という先輩は要注意

3 女性に優しい会社とは？
スーパーウーマンが1人いる会社より、係長や課長が複数いる会社

古い会社ならば2を、新しい会社なら1を中心にヒアリングすると、「入るべきか、入らざるべきか」が見えるはずです。女性なら3も必要ですね。男性でも、3を聞くと、2の補足ができるでしょう。女性がイキイキと働ける会社は、立場の違う人たちに対して優しいに違いないからです。

第6章

就活の常識「本当に見えるウソ」

ここからは、就活そのものを少し
俯瞰して見ていきましょう。
メディアに流れているそのときどきの
就活情報に踊らされることなく、
地に足を付けて自分に合う就職先を
見つけることができるように、
よくある思い込みや、
ありがちな誤解について
とりあげていきます。
事実を知れば、
必要以上に不安に思ったり
焦ったりしなくてよくなります。

人気企業、「今年」なら入れる?——難関大学より狭き門

「今年は好景気だから、新卒採用の求人が増えている」。こんな話が就活生に伝わると、気が緩みがちだ。

2015年からは経団連に加盟する企業の個別面接の解禁が、8月へと大幅に後ろ倒しされた。この原稿を書いている時点(2015年5月)では、人気大手企業の多くがまだ面接を行っていない。だから多くの就活生は現実の厳しさにまだ気づいていない。「今年なら、自分も人気企業に入れるのでは」と考えてしまっても、仕方のないことだろう。

そこで、現実に気づいてもらうために、少々厳しい話を書いておく。

人気企業にはどれくらいの人が採用されているのか。人気ランキング(日経新聞発表)100位以内の企業(以下「人気企業」)が総合職で新卒者を採用した数は、ここ15年間に限ると少ない年で約1万3000人、多い年だと約2万6000人になる。採用数の詳細を発表する企業(人気企業に限ると、毎年60社弱程度)の平均採用数を100倍して求めた推計数だ。

万を超える数値をいきなり出されても、多いのか少ないのか、入りやすいのか入りにくいのか、とっさには判断できないだろう。そこで2つのポイントを指摘しておく。

まず、好景気時でも採用人数は不景気時の2倍にしかなっていない。5倍や10倍になるわけではない。だからそれほど「広き門」にはならない。

続いて、一番多い年での採用数2万6000人がどの程度の難関なのかを示す。以下、おおよその数字となるが、大学1学年の入学者は60万人超で卒業者は55万人となる。人気企業の採用数は、5％に満たない規模だ。

もう少し実感のわく数字を出して比較しよう。世に言われる「超難関大学」に入るのと、人気企業に入るのはどちらが難しいかという比較だ。

超難関校は、東京大学・京都大学・大阪大学など旧7帝大と早稲田・慶応の2校とする。旧帝大の入学者は約2万2000人。早慶は約1万8000人。合計すると、これら超難関校にも、毎年4万人程度が入学していることになる。対して、人気企業の採用数は好景気でも3万人に及ばない。

これでようやく現実が見えてきたのではないか。

好景気だから人気企業に手が届く、というのは現実離れした考えだ。好景気といえども人気企業に入るのは早慶に入るよりもはるかに狭き門だと認識してほしい。

人気企業に入れる大学は?——入試の偏差値に連動

果たして、どの大学ならば、人気企業(日経新聞発表のランキングで100位以内)に入りやすいのか。これは、学生にとっても、親御さんにとっても興味のあるところだろう。

以下は、有名私立大学7校について、私が2012年に調べたものとなる。早稲田、慶応、上智、同志社、明治、青山学院、関西学院の7校について、人気企業にどれくらい入社したかを調べてみた。ホームページに掲載されている卒業生の進路を集計して調べたものだ。

まず、人気企業への就職数では、トップは早稲田で1463人、続いて慶応の1394人、同志社716人、明治562人、上智406人、青山399人、関学326人という順になった。

ただ、大学によって1学年の学生数は大きく異なる。だから、人数の多寡だけで「人気ランクの企業に入りやすいかどうか」は判断ができない。そこで今度は、卒業生にしめる人気企業に入った学生の割合を見てみよう。こちらは、慶応22%、上智18%、早稲田15%、同志社13%、青山10%、明治8%、関学8%となる。

さらに突っ込んだデータもつくってみた。卒業生の中には、大学院へ進学をしたり、海外に留学をしたりと、就職をしない人が多数含まれる。そうした学生を除いて、就職した学生のみに絞り、その中で何人が人気企業に入ったかというデータだ。結果は慶応36％、上智27％、早稲田25％、同志社20％、青山14％、明治13％、関学10％となった。

ここまで精査すると、就活をした場合、慶応なら3人に1人強が人気企業に入れることがわかる。

この話を聞いて「え？　慶応でも3人に2人は人気企業に入れないのか……」と暗くなるのは早合点だ。公務員や弁護士、会計士などの士業、研究者、教師、ランク外の外資やベンチャーなどを志望する学生も多い。彼らを除いて、純粋に「人気企業を目指した人」に絞れば、入社率はもっと高くなるだろう。

この数字を企業側から読むと、もっとシビアな世界が見えてくる。

ここに挙げた7校は、いずれも老舗の名門大学ばかりだ。なのに、人気企業への入社率では、7校のトップと下位で数字は3倍にも開く。そして、その順番は、ほぼ入試偏差値の順となっている。採用に学歴は関係ないという企業は多いが、データを見る限り、人気企業は偏差値にシビアに見える、と言わざるを得ない結果となっている。

面接をまだ1社も受けていない人は?——まずは5社を目標に

「採用面接は8月からだから」と悠長にかまえている就活生をよく見かける。経団連が定めた採用選考に関する指針で、2015年の就職活動から、企業と学生の個別接触は、8月解禁と決められたからだ。

ただ、それを額面どおりに受けとっていると、そうとう痛い目に遭うだろう。

確かに、経団連傘下の大手企業やそのグループ会社など、知名度が高く人気もある企業は、8月に面接を解禁するケースが多い。しかし、経団連とかかわりの薄い企業に関しては、この規定に何ら縛られることはないのだ。

だから、世界的に有名な外資系企業や成長著しいベンチャー企業、中堅中小規模でも積極的に若手を採用している企業などは、早い段階から学生と会い、面接を行っているのが実態だ。

こんな感じだから、就活に前向きな学生たちは、2015年5月時点でも相当な数の面接をこなしているのだ。

そんな彼らは、面接を何度も受けることで、的確に話ができるようになり、企業とのコミュニケーションがスムーズにとれるようになっている。何もしていない学生と比較してみれば、この差は実に大きい。

この遅れを取り戻すためには、面接の練習を念入りにするよりも、まずは5社、面接を受けてみることを勧める。

面接は、最初の2、3回は緊張してまともに受け答えもできない。5社くらい経験したあたりから、ようやく話ができるようになる。その後は、こんなふうに成長していく。

当初は、学生は自己PRや志望動機など、自分勝手に「こうすればいい」と思った話をしている。だが、その多くは、企業側の視点とずれている。だから、見向きもされない要素が多い。

それでも時折、面接官が目の色を変えるときがある。自分では気づいていなくとも、そのときは企業の琴線に触れることを話していたのだ。当然、面接官はそのポイントに集中して質問をしてくる。これを繰り返すと、企業の興味を持つ点が次第にわかる。企業の質問は、たいていは似た感じになるから、何度か応答するうちに、受け答えの要領も見えてくる。

その結果、どんどん企業側の視点に近づき、面接が有意義なものになっていくのだ。だいたい、10社も繰り返せば、この域に達するだろう。

何事も数打つことで上達する。面接は5回で慣れ、10回で一人前。そこまでやって8月を迎えるのが得策といえるだろう。

有名企業ばかり狙ってる？——隠れた優良企業を探そう

当たり前のことなのだが、大学4年生は毎年、その大多数が卒業する。とすると、就活を何年も続ける学生は本当に少ない。

そこにもどかしさを感じてたまらないのだ。

ああ、これさえ知っていたら、と思うような秘訣なども多少はあるのだが、それがわかった学生は、みな卒業してしまう。だからいつになっても、就活生は「ビギナー」ばかりだ。

ここではその「これさえ知っていたら」と思うような秘訣を書いておこう。

中堅以上の大学に通う学生の就活パターンは毎年似ている。まずは、何となく、人気ランキングの上位企業を多数受ける。その大多数は、人気企業に不採用となるのだが、その現実はなかなか見えてこない。面接が解禁となり、周囲に内定者が現れ、人気企業の採用活動が下火になるころ、ようやく、これはまずいと思いだす。2015年ならたぶん、8月の下旬ごろだろう。

そんな彼らが次に受けるのが、大手の系列企業だ。有名企業の名前が冠についているため、なんとなく親近感がわくのだろう。だから、多くがドドッとこちらに流れる。

その結果、今度はこうした企業が狭き門になる。そして、多くの学生がやはり選考に残ることができない。9月上旬くらいにはこんな状態になるはずだ。

そのころに、就職情報サイトを見ると、まだ大手がチラホラ残っている。それも、好業績のグローバル企業だ。その多くは、産業向けに物品やサービスを提供している、俗にＢtoＢと呼ばれる企業群となる。一般消費者向け製品ではないので、学生は当初、こうした優良企業の存在に気づかないのだ。

それが、大手やその系列が採用を終えるころになると、こうしたＢtoＢ企業への応募が急激に増える。そして、こちらもやはり狭き門になっていく……。

こんな玉突きのような就活生大移動が毎年繰り返されるのが実態だ。

就活ビギナーが知らないこの例年の流れを知り、それを逆手に取ってみてはどうか、とアドバイスをしたい。

グローバル企業で大きな仕事をしたい、という希望があるのなら、早期にＢtoＢ大手を受けるのだ。こうした企業は、夏前の説明会時点では「不人気企業」でもあったりする。ライバルが少ないうちに説明会に申し込んでみよう。

そうして見事内定を獲得したら、その秘訣をぜひ、後輩たちに教えてあげてほしい。

サークルの代表、売りになる?――面接官は「耳にタコ」状態

学生は面接で虚勢を張りすぎる。大方、こんな内容だ。

何でもいいから、サークルや委員会の役職名を出す。ボランティア、NPO、留学、ビジネスにかかわったなどの〝偉業〟。日本を良くしたい、社会に貢献したといった大きな夢。最近多いのが、自転車での日本一周旅行や1000人と握手をしたなどといった、ありがちな奇想天外体験だ。

そんな姿を見ていると、なんでこんな無駄な努力をするのかと、いたたまれない気持ちになる。彼らの目を覚ますために私はこう質問をする。

「なんでそう話すと、採用してもらえると思うの?」

たいていの学生は、この質問に答えられない。単に、大きな話をすればよいと思っているだけなのだ。何かしら答える学生は、目立つから、すごいと思ってもらえる、感動させたい、などと言う。私はまた質問を出す。

「目立ったり感動させたりすると、なぜ採用されるの?」

粘り強い学生はこれにも返答する。目立ったり、感動してもらったりするのって悪いことではないでしょう、と。

確かに月並みなつまらない学生よりは印象に残る。でも、しょせんここに挙げたよ

うな話は、多くの学生が語る。面接する企業側としては、耳にタコ状態といえるだろう。だから目立つことも感動させることもできないのだ。

そもそも面接とは何のためにあるのか、この原点を考えてほしい。その目的は、これから定年まで40年近く働く一人の人間を採用することにある。40年で支払う人件費はゆうに数億円にもなるだろう。

とすると、企業は戦力にならない人を採用してしまったら、それこそ数億円もの損をしてしまうことになる。そんな損はしたくないから面接で選抜をしているのだ。

では、戦力にならないとはどういうことか。それはたった2つの言葉に集約される。

1つは、その会社の仕事がうまくやっていけない人。もう1つは、その会社の仲間たちとうまくやっていけない人。仕事をきちんとしてもらえなければ困る。入社後、周囲とケンカばかりされても困る。そうならないように人物を見極めている。突き詰めれば「ウチに合うか合わないか」を見ている、となる。

それが面接なのだ。だから企業は「ウチに合うかどうか」の判断材料がほしい。

ここまでわかったところで、学生の口からよく出る言葉を振り返ってほしい。名も知らないサークルの役職や自転車での日本一周などが、企業の知りたいことだろうか？　それは全くかすりもしていないとわかるだろう。

面接マニュアル信じてる?――自分らしさで勝負しよう

就職活動の面接ではこうふるまうべきだ、という話をよく聞く。当たり前の基礎的な作法であれば、そんな法則もあるとは思う。

しかし、こうすれば多くの企業に必ず受かる、という話は、ことごとく眉つばだと言っておきたい。

企業は面接で、ウチの仕事がきちんとできる人か、そして、ウチの仲間たちとうまくやっていける人か、を見ている。とすると、会社によって仕事も仲間も異なる。当然、欲しいタイプは全く違う。

粗くてもいいからスピードが要求される仕事では、細かく緻密だがゆっくりという人は採用されない。当然その逆もある。

同様に、常に新たな発想が必要な仕事に、伝統を重んじてきちんと過去を引き継げる人は採用されない。こちらも、全く逆もありうる。

つまり、仕事は世の中に砂の数ほどあり、それぞれの内容がかなり異なる。当然、それに合っている個性も能力も異なる。

この当たり前の話に気づいてほしいのだ。

壇上にて、学生を私が面接し、周囲にいる20社の採用企業にこの学生が欲しいかどうか手を挙げさせる、というイベントを毎年開催する。

「あれっ？　大丈夫かな」と私が思う学生にも、結構な数の企業から手が挙がる。逆に、この学生は万全と私が思っても、過半の企業が手を挙げることはまずない。

そんなものなのだ。企業によって、欲しいタイプは全く異なる。

だから、どこでも受かる黄金の学生像など、てんでウソだ、と私は思っている。

そんな噂に惑わされるよりも、私が就活生に勧めたいことがある。それは、あなたがあなたの自分らしい部分を、しっかり語れるようになることだ。

私の知っているある学生は、心配性で気弱で面接が苦手と言っていた。ただ、その心配性の部分をしっかり自分らしさとして語り、学生に人気の通販企業から内定をもらった。

理由はこうだ。こういう、気弱なだけに用意周到を期す人物が、わが社の仕事には合っている、と。

面接の場で、あなたらしさをきっちり語ることができれば、砂の数ほどある企業の中から必ず「そんなタイプがウチに合っている」というプロポーズがある。それは恋愛と同じだ。

もし、あなたらしさをうまく語っても、それで落ちたら、よかったと思おう。私らしさが生きない。そんな企業なら、落ちて本望だ、と。

資格を取ると有利なの？——「安易・やみくも」はNG

資格を取ると、就職に有利か、とよく聞かれる。確かに資格が必須の職業は多い。そんな仕事の場合、取らないわけにはいかない。ではそれ以外の場合はどうか。答えは後回しにして、その前に、少し基本的な話をしておきたい。

よく引き合いに出されるのが、欧州諸国の就業の仕組みだ。きっちりと職業教育を施し、ある特定の仕事ができるようになった人に職業資格を渡し、その資格を持って就業する。理想的に語られるこの制度について欧州諸国の人たちに聞くと、評価はそれほど高くない。現実は日本と異なる問題を生んでいるからだ。

まず、他の職業に移るときに新たに資格を取る必要があり、そのハードルが高い。確かに、公的支援で他の資格が取れると謳われてはいるが、データを見る限り、取れる資格は、そのほとんどが高校で取得するレベルのものにとどまるという現実がある。

2つ目に、同じ職業にとどまっても、上の役職に上がることができない。上の役職は別の資格が必要なのだ。そのためには、フランスでいえばグランゼコールなどの超難関上位校を卒業していることが条件になる。つまり、資格というのは、ヨコもタテも区切られた、ある特定の仕事ができることのみを指す。

たとえば、経理事務という資格を取ったとしよう。その人は、一生経理事務をすることになる。欧州は同一労働同一賃金なので、この資格ではいくら年をとっても給料はあまり上がらない。1割程度しか昇給もないだろう。こういう現実がある。

日本の場合はどうか？　最初の仕事が経理事務だったとしても、やがてそれは卒業して財務会計、決算、そして経営管理と進んでいくだろう。だから、ずっと事務をやるわけではない。採用の時点では、事務の資格があるかどうかよりも、上に上がっていける人かどうか、を見る。そこが欧州とは異なるのだ。

とすると、冒頭の答えはもう見えただろう。日本企業は資格のあるなしよりも、人間性や将来性を採用のポイントに置く。資格も、本人の人間性を表すような取り方をすると、初めて効果が出るのだ。

たとえば、難関資格を取ること。それは、地頭のよさや、コツコツ努力を継続できる人柄を証明するだろう。もしくは、1つの分野をやさしい資格から順々に取っている人。たぶん、彼はその分野が本当に好きだ、とわかる。

その逆で最悪なのが、簡単な資格をやみくもに取ること。こらえ性のない浮気者とマイナスの評価をされることになるだろう。

英語ができると有利なの?――「語学力だけ」では困ります

前節で書いた資格の話と並んで、学生や教職員が気にするのが、語学力だ。英語ができると就職に有利かどうかをよく聞かれる。その際に、私は「ないよりはあった方がいいが、英語は決め手になりませんよ」と答えている。

当たり前だろう。企業は仕事ができる人が欲しいのだ。英語ができても仕事ができない人は多くいる。むしろ、入社後にメキメキと仕事で力を発揮した優秀な社員に、あとから英語を学ばせても、十分間に合う。だからそこまで語学力は気にしないのだ。

逆に、英語だけできても人付き合いが苦手な人や、はたまた、海外にばかり憧れて、地道な努力ができない人などは、入ってから本当に困る。

最近、人気の大手企業に内定をもらった女子大生が、私に「英語力が決め手になった」と言ってきたことがある。彼女はTOEICが870点だという。え? 語学力が決め手だとしても、990点が満点のこのテストでは、あの会社なら900点以上取っている人も多いだろう。だとしたらなぜ……。

実はその会社の人事担当とは知り合いだった。彼女を交えて3人で食事をした折に、その話を聞いてみた。すると、その人事担当からは、全く違う内定理由が出てきたのだ。

いわく「彼女は英語力ではなく、そのバックにある人間性で内定が出たのです」とのこと。実は、彼女は留学経験がない。いや、海外旅行にすら行ったこともない。いわゆる学生が自慢げに話す海外経験とやらは皆無といえる。

さらにいえば、英語の塾に通ったことさえないのだ。どうやって彼女は英語力を身に付けたのかというと、ラジオ英会話一本。それも、中学1年から大学3年まで9年間、一日も休まず聴いてきたという。風邪をひいて熱でダウンしても、高校や大学の受験当日でさえも、録音して聴いたそうだ。

その、1つのことを粘り強くやり遂げる継続力や忍耐力の強さを見込んで、合格が出された。大きな会社で日の当たるポジションに上りつめるのには時間がかかる。でも、こんな彼女の性格は、あの会社でも生きるに違いない。そこを見込んで内定を出したのだ。

どうだろう。企業は、その会社の仕事がしっかりできるか、社内の人間とうまくやっていけるか、を見ているということが、この事例でもわかったのではないか。手っ取り早く英語だけ身に付ければ、というのはうまくいかない。何事にも王道はないのだ。

自己アピール、他人と似ちゃう——自分のストーリー探しを

何度も言うが、企業は、自社の仕事がきちんとできるか、社内の仲間とうまくやれるか、を見ている。だから、よそ行きではない、あなたの素を見せてほしいというのが本音だ。

ただ、いくら素を見せるとしても、他人と同じ話をしていては、意味がない。企業の面接官からすると、10人が10人同じようなことを言ったら、誰を採ればいいかわからなくなってしまうからだ。少なくとも、あなたらしさというのだから、少しは他人とは異なる話をしよう。

こんなケースがある。地方女子大の家政学部などでは栄養士の免許を取る学生が多い。資格試験は難しいから勉強熱心だ。だから、サークルに入っているひまもない。大学時代は、授業、勉強、そして学費の足しにするためのバイトだけの生活になっていく。就活で話す話もそれしかない。しかも、バイトは栄養士の勉強にもなるというので、ほぼ全員、飲食店。さらに、志望企業も地元で一番安定している給食センターが人気だ。

同じ年、同じ学部、同じバイトの学生が同じ企業に集まる。そこで自己PRもほぼ同じ内容になる。食を通してみんなの健康と笑顔を生み出したこと、だから、飲食の

バイトでも一生懸命努力したこと。お客さまに「ありがとう」と言われると励みになった……。これでは、企業は誰を採ったらいいか、わからなくなる。

そんな中で、内定をもらった学生がいた。彼女はこんなアピールをしたという。

「私は、できる限りよいサービスをしたくて、いつもお客さまの残り物を見ていました。そして気づいたんです。ご飯は、カロリーの高いメニューよりも、カロリーの低いものとのセットで残されるんです」

そういう低カロリーものを食べる人は、女性や高齢者が多く、胃袋が小さいために残す。そう気づいた彼女は、低カロリーメニューにこそ、小盛りライスをつけるべきだと提案し、これが当たった。青魚の定食ではお茶がしぶく感じるため、残す人が多い。そこで麦茶に替えた。こんな話をしたそうだ。

30人が横並びで同じ話をしている中で、彼女は他者との違いを明確に打ち出している。ちなみに、内定後に知ったと彼女は言うが、その給食センターの社訓は「残り物には明日のビジネスがある」だったという。できすぎた話だが、よい参考事例だろう。

みんなと同じ話では、企業は誰を採っていいかわからなくなる。素の自分でよいとは言ったが、そこには気を使ってほしい。

私らしい話が浮かばない——欠点や苦手な事にネタがある

「私らしい話といっても何も思い浮かびません」。そういう悩みを、多くの学生は口にする。ただ、それはいい話や珍しい話をしようと思うから、ネタが見つからなくなるのだろう。

案外、自分らしさというのは、欠点や苦手な事などによく表れていたりする。それをうまくPRできれば、それでいい。

私が教えていた京都の大学でこんな女子学生がいた。

「欠点は何かと言われても、私は欠点だらけで。とにかく心配性で、だから緊張してしまい、うまく人とも話せない。引っ込み思案なんです」

私は、その彼女の心配性で気弱な「いい話」を知っていた。彼女は大学のゼミで花見をするときに、幹事に指名され、また不安のどん底に落ちてしまったのだ。ここでどうしたかが彼女らしい。

まず花見の3日前に下見に行き、午前11時なら場所取りができるとわかる。続いて2日前、午後0時30分に行ってみると、場所はもう埋まってしまっていた。そこで前日の午前11時30分に再々訪し、この時間ならOKと判断。さらに、お目当ての桜の位置を測り、大中小3タイプのビニールシートの配置図も考え、どれが何枚くらい必要かを把握し、とりそろえていたのだ。

その話を彼女に思い出させ、心配性で気弱とは言わずに「心配性なので準備を万全にするよう心がけている」と話すように勧めた。

彼女はいくつかの企業から不採用となったが、最終的に、中堅だが知名度が高く人気の通信販売の会社に、事務員として採用された。

その会社が彼女を採用したのは「地味でも、こういう堅実なタイプが、うちの会社にはとても合っている。書類や商品の山の中で仕事をしていくのだから」という理由だったそうだ。

こんな話はいくらでもある。ある大手輸送機器メーカーに内定した女子学生は、妹とのケンカをいかにして減らしたか、を話していた。ケンカになりそうなシチュエーションと、そのときに自分の取った行動を組み合わせ、一つひとつ、丹念に検証して、ケンカをせずにすむ方法を編み出したという。

内定したその輸送機器大手は「改善」を社訓にする会社だった。まさに、妹とのケンカ削減、という改善プロジェクトを評価したのだろう。その会社には、盆栽を切らずに育てるトライ&エラーを話した「改善男子」も採用されている。

いずれも派手な話ではないが、彼らのよさを表している。そんな話でいいのだ。

中小企業の就活のコツは？――「絶対いや」以外は候補に

大方の大企業が採用活動を終える秋以降は、中小企業が採用の主役となる。これからしばらくは中小企業への就活について、注意すべき点を書いていきたい。

まず、中小企業の求人はどこに載っているのか。実は昨今ではインターネットの大手就職情報サイトにも、結構な数の中小企業求人は出ている。なかには、自分の大学のOBやOGがいるかどうか調べられる機能まで付いているサイトもある。

続いて、大学の就職課の利用をお勧めしたい。大学には、OBやOGが長く働いている企業からの求人が多々寄せられる。ベテランの就職課職員であれば、そうした自校卒業生の定着がいい企業を知っている。

ただ、個人の記憶はせいぜい20社程度が限界だ。とすると、1人の職員に聞いても出てくる企業名は限られる。そこで、いろいろな職員に話を聞くようにしてみよう。文字にしづらいような、会社の雰囲気なども教えてもらえるはずだ。

さらに、もっといろいろな企業の情報が欲しいという人は、ぜひ、ハローワークを利用してほしい。最近では、学生や新卒者の就職を専門に支援する「新卒応援ハローワーク」がどんどんサービスを充実させている。ホームページを見れば、この時期だと新卒求人が万単位で閲覧可能だ。どの地域でも数百件の情報が得られるだろう。しかも、直近の離職率まで載っている。

ただし、その情報は画一的で、企業の個性や詳しい仕事内容などはわかりにくい。どれを選ぶか決め手に欠けるきらいがある。そこで、ここの利用法としては「これだけはいやだ」と思う事項で、企業をどんどん削っていくことをお勧めしたい。「希望条件」で選ぶと、結構な求人数があっても、案外、合致する企業はすぐなくなってしまう。ところが「絶対いやだ」だと、それに該当する企業はそれほど多くないので、それなりの企業数が残るのだ。

たとえば、絶対いやな業界、企業規模、これ以下だったら許せない給与、通えない勤務地。そんないやなものを外す。それで20～30社に絞ったら、あとは片っ端から入社試験を受ける。

ハローワークの求人の場合、基本的に書類は通ることが多い。そして、面接ではいきなり社長や部長と話すことになる。それだけ上位者だと、会社の理念や雰囲気もしっかり語れる。文字情報よりもやはり、見えてくることは多いだろう。そうして何社も比べて、そこから選べばよい。

中小企業だと長続きしない？——自分の「軸」と合う会社選びを

中小企業に勤めるのはいやだ、と言わないでほしい。世の中の約半数の人は従業員100人未満の企業に勤めている。中小企業に入るのはいたって普通のことなのだ。

ただ、中小企業は離職率が高く、長く働けないという印象を持つ就活生が多いだろう。実際、中小企業の場合、入社後の離職率は高い。従業員100人未満の企業の場合、新卒者の入社3年での離職率は5割に迫る。多くの人はその理由を、給与・待遇が悪いからだと誤解しがちだ。

確かに、公的データを見る限り、中小企業の年収は、男性の場合、ボーナスなどを含めると大企業よりも4割近くも低い。ただ、それが辞める理由と私は思っていない。なぜなら、まず第一に、賃金の差は年をとるにしたがって大きくなる。若年時の給与差は言うほどでもないからだ。

2つ目には、辞めて次に入る会社も、たいていは中小企業になる。当然、給与待遇はそれほど好転しない。それでも、少なくない人が今度はそこに定着していく。給与待遇が理由ならばこうはならないだろう。

辞める本当の理由は、会社に合っていないからだろう。中小企業の場合、構造的に、合わない確率が高くならざるをえないのだ。

社内に業務がいくつもあるわけではないから、大企業のように「合う仕事に異動」ができない。事業所も一箇所の場合が多い。だから合わない上司と配転で別れられない。

さらに、売る商品さえ1つのことも少なくない。その商品が好きになれない場合、他の商品で挽回も無理。合っていなかったら、もう、辞めるしかないのだ。しかも、中小企業の場合、応募者が少ないため、入り口で「合っていない」人でも、目をつぶって採ってしまう。こうしたことが重なり、中小企業は離職率が高くならざるをえないのだ。

とすると、中小企業こそ、就活生がしっかり「合う・合わない」を見極めて入社を決めねばならないだろう。そのための5つの軸を挙げる。

① 情を重視／理を重視
② 行動を重視／思考を重視
③ 協調を重視／競争を重視
④ 伝統を重視／革新を重視
⑤ スピードを重視／緻密さを重視

この5つの軸で、企業と入社者の重視点がずれると、合わないと感じるのだ。応募した企業の風土をこの5軸でとらえ、自分の重視点と同じかどうか確かめよう。

「入社後のミスマッチ」をどう防ぐ？——合わない企業は「落とそう」

中小企業に就活生が応募する場合、頭の切り替えが必要になる。

秋口を過ぎて、新卒学生の採用活動を行っている中小企業は、多くの場合、応募者が少ない。だから、多少、自社に向いていないという学生でも、基準を緩めて採用してしまう。そうして入社したあと「合っていない」ということで、企業も学生も苦しむことになる。

それは、いわゆる確信的に若者を使い捨てるブラック企業とは全く異なる。

中小企業の場合、新卒学生を1人採用するのもかなりの決断が必要だ。そうして採用した人材に辞められてしまっては、経営的に大きな痛手となる。だから、使い捨てなど毛頭考えていないのだ。

にもかかわらず早期離職する人が多いのは、入り口の緩い選抜にその理由があるといえるだろう。

とすると、就活生はこの「緩い選抜で起こる、入社後ミスマッチ」はどうやって防げばいいのか。本書をここまで読み続けてくれた読者なら、その答えがもうおわかりかもしれない。

1つ目は、あなたのあなたらしさを強く打ち出すこと。たとえば、とにかく体を動かすことが好きで、あまり考えることが嫌いな学生は、そういう自分をしっかり話そう。そうすれば「動く前にまずはしっかり考えること」という企業は、あなたを落とすはずだ。「あなたの個性」を強く出せば、ミスマッチは必ず減る。

2つ目は「どうしても譲れないこと」も正直に話そう。ただ、自分がとてつもなくいやだと思っていることで1つくらいにしたほうがよい。たとえば、高額な給与も欲しい、残業はしたくない、出世もしたい、などとたくさんの話をしたら、どの企業からも採用はされないだろう。

そうではなく、どうしても譲れない一線を、1つ（多くてもせいぜい2つ）出す。たとえば、人を蹴落としてまで一番になれ、というのは僕はいやだ、とか。もしくは、間違っていてもいいから早くやれ、と言われるのは耐えられない、とか。そうしたあなたの希望にノーを出す企業に、また退いてもらう。

この「あなたに合わない企業に退いてもらう」という考え方が、パラダイムチェンジといえるだろう。それまでは、面接ではなんとか「採ってもらおう」とばかり考えていたのを、たくさんある企業の中から、自分に合わない企業を「落としていく」に変えるのだ。そうすれば、長い就活も少しは楽しくなるはずだ。

中小への就職に親が反対——会社の人に面会を頼もう

前にも書いたことだが、新卒学生の就職先企業を規模別に調べると、従業員数1000人以上の大手に入れた人は、近年だと好景気のときで4割、不景気だと3割程度だ。いつの時代でも圧倒的多数の新卒学生は、中堅・中小企業に就職している。

これはなにも就活に限ったことではない。世の中の正規労働者のうち、大企業や役所などの公的機関で働く人の割合は、全体の2割強でしかない。だから、中堅中小企業で働くのはいたって普通のことだろう。

ところが、この当たり前の話に対して、とても後ろ向きにとらえる人たちがいる。それは、当の就活生たちではない。彼らの親たちなのだ。

しかもそんなふうに反対していた親は、半年もすると豹変する。

卒業後も身の振り方が決まらず、家でブラブラしていると、手のひらを返したように「どこでもよいから入れ」と言いだすのだ。

そんな親の変心に惑わされないように、名もない中小企業から内定が出たとき、親をどう説得するか、の話をしておこう。

それは一にも二にも、その内定した企業のお偉いさんに、自分の親と会ってもらうことに尽きる。社長か人事責任者に「うちの親に会って説得してください」とお願いするのだ。

人材を大切にする企業なら、そんな学生の苦しい状況も理解して、両親に会いにきてくれるだろう。過去にそうした企業を多々見てきた。

大企業の仲間入りをしたあとも、内定学生の親向けに説明会を開いている企業もあるほどだ。人材獲得に熱意を燃やす経営者なら、その程度のことは、全く苦にはしないだろう。

親と経営者は年代が近い。お互いビジネス社会に長く身を置く。膝詰めで腹を割って話せば、会社の状況や風土などが語りあえる。そうして経営者の人物や会社の理念、将来性などを知ると、親も変心することが多い。

また、経営者もそこまで親と話した限りは、入社後に彼や彼女を粗末に扱うことはできなくなるだろう。いやそれ以前に、もし若者を使い捨てにするブラック企業であれば、そもそも親に会ってくれるはずもない。つまり「会ってくれる」ということで、ブラック企業を排除できるのだ。

だから、親が反対をしたら、内定先の人に会ってもらうことにしよう。もちろん、企業のみなさんも、そんな学生の要望には、ぜひ応えてほしい。

インターンシップは大企業がいい？――中小企業で仕事を知ろう

世間の人々がのんびりしている冬休みの時期、定期的に新卒採用を続けている大手企業は、インターンシップの受け入れに力を入れている。２０１３年までは、インターンシップといえば夏休みが主で、冬は少数派だった。トレンドが変わったその背景には、新卒採用ルールの変更がある。

２０１４年、採用広報は3月に、面接は8月へと後ろ倒しされた。それまでは採用広報は12月だった。冬休み時期は企業にとって、広告出稿、それに対する合同説明会などが花盛りだったのだ。

２０１４年12月に再度変更された就活スケジュールでは、２０１５年の面接は6月に前倒しになったが、広報活動は3月開始で変更はない。企業は3月までやることがないのだ。そこで、今実施可能なこととして、インターンシップが花盛りになるわけだ。

さらに、採用活動が8月、9月の夏休み時期に集中したため、従来行っていたインターンシップに手が回らない企業が増えた。そこで、冬のインターンシップがますます盛んになる、という事情が重なった。採用活動が6月に前倒しになっても、この傾向は変わらないようだ。

学生や教職員からすると、こうしたインターンシップは、仕事や社会をよく知る千載一遇のチャンスに見えるだろう。だが私は、こと大手企業のインターンシップに限れば、これは見当違いだと考えている。

まず、その中身は実務要素がとても少ない。いまだに、学生が喜びそうな新商品企画や広報案を考える、というものが多いのだ。実務的なものでも、現場での実習や同行をする時間は少ない。どちらかというと、社員の説明やパンフレットの閲覧などによる座学となる。しかもその対象は、華やかで一番キレイな部分ばかりとなる。

いい夢ばかり見させたら、入社後にこんなはずではなかった……となってしまう。なぜ、かくも楽しく美しいメニューばかりになってしまうのか。企業は、学生からよい印象を持ってもらい、本番採用で、より多くの応募を集めたいから、というのが1つ目の理由だ。もう1つは、プログラムを通して選考基準に合致した学生とよい関係を築き、採用につなげることだ。いずれも、採用活動の一環でしかないだろう。

だから学生のみなさんには言っておきたい。大手のインターンシップは、就活の前哨戦としてなら意義はある。しかし、就業体験・職業学習としての意味はさほどない。本当に、仕事のリアルを知りたいのなら、地域の経済団体が運営する中小企業のインターンシップをお勧めする。飾り立てる余裕のない分、現実が見えるだろう。

欧州のインターンシップは理想的？——低賃金で不安定な側面も

そもそも、なぜ欧州ではインターンシップが社会に定着しているのか。夢や幻想を抱いている人が多いので、現実を話しておく。

まず、欧州は原則、ある職業でしっかり仕事がこなせるというお墨付き（職業資格）を持っている人しかその職業に就けない。

建前上は、こうした職業教育を公的訓練機関や学校が行うことになっているが、現実は異なる。対人折衝が主体となる営業や、調整がつきものの管理・企画職務、クライアントの要望に左右されるクリエイティブ職、熟練がものを言うエンジニア職。どの仕事をとっても、学校の教科書では教えられない仕事のノウハウが重要になる。だから、欧州の学校では、授業の中で企業に学生を送り、実務をさせる期間が設けられている。これを交互教育やコオプというが、その期間がかなり長い。半年から1年もあるのだ。

ただ、それでもそのくらいの期間では熟練にはほど遠い。だからそのままでは卒業時に雇ってはもらえないのだ。そこで、夏や冬、春の休みに自主的にインターンシップに行く。さらに、卒業後にまたインターンシップで腕を磨く。こうまでしてようやく職にありつける。こんな現実があるから、インターンシップをせざるをえない。

一方、企業はなぜインターンシップを活用するのか。これにも一筋縄ではいかない事情がある。欧州諸国では、有期雇用の人を雇うには厳しい制限があるうえ、正当な理由もなく無期雇用の人より待遇を低くするのは難しい。企業としては、非常に窮屈な思いをしている。

ところがインターンシップであれば、いつでも自由に辞めさせることができる。そのうえ、少し前までは「労働ではなく教育の一環」ということで、最低賃金の対象外でもあった。だから、安く使い、いらなくなったらサヨナラできる、企業にとってとても都合のよい代物だったのだ。

こんな感じだったから、インターンシップに関するデモがフランスやドイツで頻発し、法律も厳しくなってきた。その結果どうなったか？

フランスなどでは、国が管轄する見習い労働制度により、企業へ派遣する仕組み（ＣＦＡ）が新たに浸透した。卒業後に就職できず、ＣＦＡにて実習する若者は多い。その賃金だが、なんと最低時給の53％しかもらえない。日本円に換算すると７００円にもならず、年収は90万円程度が基準となる。それを2年経てようやく正社員となる。

日本の新卒採用慣行を首肯はできないが、欧州に夢を見るのも危険だろう。

無名の会社だと不安がある?――まずは社内の実情を探ろう

卒業が決まり、いよいよ学生生活も残り少なくなってくると、大学4年生たちは自分の入る会社が、はたしてまともかどうか、気になってくるものだ。特に、まわりの先輩や親類などもよく知らない無名の会社に入社する人は心配だろう。

ならば、そこを徹底的に調べてみてはどうだろう。

まずは、インターネットの掲示板、SNSなどを使って、その会社の評判を調べてみよう。ネット情報と聞くと「信頼性が低い」と思われがちだ。ただ、それを読み解く力をつければ、けっこう有用性が高い。たとえば、とても忙しい会社は、ネット上では「過労死寸前」などと書かれる。ただし、そのような会社が間違っても「ヒマで、ヒマで」と書かれることはない。つまり、ネット情報は全くのウソや正反対であることは少なく、方向性は正しいが、誇張や脚色が入って、大げさになっていることが多いのだ。そこを見て取り、会社の傾向を読み取るようにしてみよう。

概略が見えたら、今度は現実を確かめる。そのためには、何とかして社内に入っていくことだ。たとえば、社員総会、飲み会、社員旅行などに参加させてもらうのもいいだろう。同様に「仕事が早くできるようになりたい」と、社員に同行したり実習をお願いしたりするのもよい。こうした要望は、名のある大手企業ではまず受け入れてもらえないだろうが、規模の小さい企業であれば融通してくれる可能性も高い。
もし、やみくもにノーと言う会社であれば、何か事情がありそうだ、ともわかる。
喜んで受け入れてくれるのであれば「あなたを大切にしている」という姿勢も見えてくるだろう。

そこまでやって実情を知ったところ、自分の想像とはかけ離れていて、入社する気がなくなってしまったらどうすべきか。

まずは親と相談しよう。そして、親を納得させることができたなら、正直に、企業に対して辞退を申し入れるべきだと考える。就活は人生の一大イベントだ。そこで妥協などする必要はない。

ただ、企業経営者も人の子だ。自己本位の浮ついた理由で辞退をされるのは、快く思わない。しっかりと合っていない理由を固めて、企業にわかってもらえるよう真摯に努力すること。勇気がなければ、親と一緒に頭を下げるのでもよい。

そこまできちんと対応できる人間性があれば、その後に就活を再開しても、じきに、また内定をもらえる企業が見つかるだろう。

入社先、もしかしたらブラック企業？――半年以上は勤め、転職活動を

新卒で入社した企業がいわゆるブラック企業だった場合、どうしたらよいだろうか。

まず、常軌を逸したような過酷さ、たとえば社内で暴力が横行していたり、過労死基準以上の長時間労働を強いられたりするような場合は、ためらうことなく、地域の公的機関や無料の司法サービスなどに相談すべきだ。

問題はそこまではいかないグレーゾーン企業だったときだ。目標やノルマが厳しい、上司や同僚の言葉にとげがあるといったたぐいのもの。このくらいだとたぶん、多くの新人は「自分が悪い」と思ってしまう。そして「入社早々辞めた根性なしでは、次の仕事など見つからない」と転職にも二の足を踏む。

そこでいくつかアドバイスしておきたい。

実は、日本の社会は若年者の転職には意外と好意的だ。統計の残る1970年代からずっと、大卒3年の離職率は3割程度で推移している。好景気だと、彼らは第二新卒と呼ばれ、求人もかなり増えるので、想像するほど転職は厳しくはない。

また、グレーゾーン企業というのは、地元や人材業界に携わる人々の間では、その社名がかなり知れ渡っている。だから「ああ、あの会社ね。それなら君が悪いわけではない」というフォローをしてくれたりもするのだ。

とはいえ、すぐ辞めるのではなく、半年以上は勤めてみて、学生時代の甘さを払拭したところで転職する、という目標を持ってみたらどうだろう。

入社してからGWまでは、研修などであっという間に過ぎてしまう。梅雨を迎えるころ、本格的につらさが募り始めるだろう。そのときは夏休みを目標にするとよい。

夏休みになり友人らと会うと、他社の状況もわかり、本当につらくなってくる。そのときは、10月1日を2つ目の目標としよう。ここからは有給休暇が発生する。いやなら休めるのだ。有休など許可しないと言われたら、欠勤も辞さない覚悟で臨もう。辞めてしまうなら怖くもないだろう。

同時に、このころから転職活動を始めるとよい。転職にはけっこう時間がかかる。10月に活動を開始した場合、次の会社に勤めだすのは、早くて年明けから、と考えるのが現実的だ。この間、もし業績が上がらず、上司に怒鳴られ続けるようであれば、欠勤を続けてもよいだろう。

そうして1年弱、こんなハードな環境で耐えられたならば、次の会社は天国に見えるはずだ。そのころには、学生時代の垢《あか》もすっかり落ちているだろう。

最近の学生は本当に新聞を読まない？――昔からそうだった

多くの大人たちは自分のことを棚に上げて、「最近の若者は」と言う。新聞も読んでない、まともに文章も書けない、礼儀作法がなってない、元気がない、話に脈絡がない……これに類する話はいくらでもあるだろう。

ただ、その大人たちは、はたしてまともな文章を書けているか。私のセミナーに参加した企業人たちが書いた、終了後のアンケートを読むと頭が痛くなることがある。誤字、脱字、修辞ミス、そして意味不明瞭な文章。明らかに学生のエントリーシート以下のひどい内容が多い。

20年以上、新卒採用にかかわり、学生たちの応募動機を読んできたが、明らかに今の学生のほうが文章はうまい。SNSやブログ、メールなどで文章を書くことに慣れているからだろう。私たちの学生時代は、手紙も日記も書く人はまれだった。学校の課題とテスト以外に文章を書いたことがない、という人も珍しくはなく、応募動機など、「てにをは」さえ整っていなかったものだ。

若者は新聞を読まない。確かにそれはその通りだ。が、その言葉に「今の」と修飾語が付くと、とたんに私は懐疑的になってしまう。私の学生時代はバブルの真っ最中だった。新聞記者志望の私は黙々と新聞・週刊誌を読み漁っていた。そのさまを級友たちは奇異な目で見ていたものだ。彼らが読んでいたのはファッション誌、タウン誌ばかりだった。そんな友人の一人が、現在は総合商社で部長を務めている。彼が私にこう言った。

「最近の学生は本当に新聞を読まない」

みんなそんなものなのだ。

昔の自分を完全に忘れてしまい、そして、今の自分の能力も棚に上げ、就活生の足りない部分をことさらあげつらう。学生たちは、親以外の大人とは接触したことがほとんどないから、免疫がないため、そうした心無い言葉に右往左往することになる。ただでさえ、就職という人生の一大イベントの中で緊張し、いらいらし、精神が不安定になっているところに、こうした言葉が投げかけられると、学生たちは活力を失っていく。

就活生に何かアドバイスをするときは、まず、自分の若いころを思い出すべきだ。自戒の念を込めて、大人たちにそう言いたい。

採用企業に「個性」はあるか？――企業説明会の話は似たりよったり

私がコーディネーターを務めた就職セミナーで登壇したある流通系大手企業の採用責任者が、こんな話をした。

「最近の学生は、物まねというのか、横並びというのか、みんな同じ話しかしない。個性が感じられない」

前節にも書いたが、私的にはこういう「最近の若者」論が大嫌いである。そんな私の気持ちを代弁するかのように、最前列に座った勇気ある学生が手を挙げた。私は構成台本を無視して、その学生を指すと、彼はこう啖呵を切ったのだ。

「同じ話をするって、当り前じゃないですか。だって、どの企業を受けても、みな同じ質問をするんですから。企業の側こそ、個性が感じられない」

私は内心、拍手喝采の思いだった。会場はしばらくどよめいたが、やがて正常な進行に戻り、登壇する企業の「わが社が欲しい人物像」を語る場面へと移った。前述の流通大手の採用責任者は、こんなふうに語った。

「一に自立していること。二に好奇心があること。三にオリジナリティがあること」。それこそ、先ほどの学生が指摘した「企業はみんな、同じことを言う」典型だ。採用担当者は、学生に何か言う前に自分がそれをできているかを振り返るべきだろう。企業こそもっと裸を見せるべきなのだ。

本書を通して、学生には「裸を見せろ」と言ってきた。嘘偽りで塗り固めて就職すれば、入社してから困ったことになる。だから裸を見せて、「そんなあなたにこそ来て欲しい」と思ってくれる企業に入れ、と。

同じことは企業にもいえる。企業広告も説明会で話すことも、ほとんどが、他企業と似たりよったりで、ずいぶんとお化粧したかっこよいエピソードばかりだ。そんなよそ行き姿しか見せないから、若者たちは入社後に「だまされた！」と頭を抱えることになる。

学生に「飾らずに、自分らしさを見せてほしい」と望むのであれば、同じくらい企業側も「個性」や「自社らしさ」を見せてほしい。多少かっこ悪いことや不都合なことまで含めて。

そのうえで「御社を希望します」という学生を選べば、間違いない採用となるはずだ。

面接は演技力を競う場？──企業はあなたの「素」が知りたい

「企業って、説明会の待合室での振る舞いとかまで見てるんですか」。そんなふうに学生に聞かれることがある。

「そういう企業は少なくないよ。案内役の社員がチェックしているケースもあれば、なかにはモニターでしっかり見ている企業もあるから」。私がそう答えると、たいてい学生は、えーっと声をあげ、「ひどい」「ずるい」「汚い」と企業をののしる声をあげる。そこで私が「何で？」と聞き返すと、学生は当たり前でしょうとばかりに息巻く。

「だって、準備もしていない、日常のままの状態で、審査や選考をするなんて、ずるいじゃないですか」。返答はだいたいそんな感じだ。

たぶん、彼らは、フィギュアスケートの大会にでも出ている気分なのだろう。面接というリンクの上で、「最高の演技をしよう」と考えているに違いない。だから、演技ではない素の場面を見られたら、それこそ、話にならないと思ってしまう。

本書を読んできた方なら、もう、学生の考え方の間違いがよくわかるだろう。面接とは、演技力を競う場ではない。企業は、あなたの素が知りたいのだ。裸のあなたを知り、そのあなたがわが社でやっていけるか、を審査している。しかし、とかく面接では、学生は素ではなく演技を見せがちだ。だから、より素に近い姿が見られるように、面接以外の場面を見ているのだ。

面接で、周囲に気を使うとアピールしていた学生が、待合室では自分のカバンを隣の席に置き、大声で隣の友人と話していたりすれば、明らかに、素がわかってしまう。そんな細かいことを気にしない豪胆な性格であるならば、面接でもそれを通せばいい。問題は、待合室と面接でのあなたの態度が異なることの方だろう。

さて、ここまで企業の手の内を明かしたのだが、それがかえって逆効果になりそうな気が少ししてきた。この話を読んだ学生が、「ならば、説明会の会場に一歩でも踏み入れたら、廊下だろうがトイレだろうが、演技をし続けよう」と開き直ってしまうことだ。

そういうことを言いたいのではない。ぜひ、そんな方向に努力することだけはやめてほしい。

最終面接をハイキングにしたら?――定着率が格段にアップ

私のよく知る中堅企業の社長は、採用に際して、最終面接をずいぶん前にやめてしまった。なぜかと聞くと、「面接ほど人柄が見えないものはないし、第一、時間がかかり効率が悪いから」という。その代わりに、ハイキングにした、という。

選考に残った十数人が一緒にハイキングをする。オリエンテーションのように、分かれ道を用意し、推測に従ってゴールまで歩く。途中で疲れた女子がいると、ひょいと荷物を持ってあげる男子がいる。道に迷ってみんなが困っていると、とりあえずちらに100メートル進んでみて、チェックポイントが見えなかったら戻ろう、とリーダーシップを発揮する学生がいる。歌を歌う者もいるし、下を向いて黙々と歩く者もいる。

終了後にバーベキュー大会も催すのだが、そこでも、自分のことしかしない者、周囲に気遣い手伝う者など、本当によく人間性が出るという。

しかも全行程5時間ほどで、十数人分の選考ができる。その間にバーベキューで昼飯までとれる。面接をするよりもよほど効率がいいそうだ。

確かに、面接は限られた短い時間で、お互いが緊張するなか、ある面、化かし合いのように行われる。よって、人間性は案外、見えない。バーベキュー付きハイキングのほうがよほど精度がいいとも思えるのだ。

さて、こんなかたちで、他社と大きく異なる採用手法を始めたこの会社はどうなったか。

まず、この選考方法を求人広告に打ちだすと、面接疲れした学生たちがドドッと応募した。そして、面接では緊張してうまくしゃべれず落ちまくっていた惜しい学生の本当のよさが見て取れて、その会社では合格になった。逆に、面接ではうまく取り繕いそうな小賢しいタイプの学生を採用しなくてすんだ。一緒に歩き、バーベキューまで食べたので、社長の素顔も学生に伝わり、そういうタイプの経営者が好きだという学生のみが残った。

その結果、会社に合う学生が採用でき、定着率も格段に上がったという。

どうだろうか。学生に「もっと個性的になれ」と言う前に、企業こそ、もっと頭を使って他社と違うことをすべきだろう。他社がやっているから、それが常識だから、というのではなく、効果が上がり、手間がかからず、学生が喜ぶような採用手法を、企業も競ってつくってほしい。面接、履歴書、エントリーシートの三種の神器に頼るのは、もう終わりにしよう。

おわりに

最後にもう一度、面接の基本の復習です。

面接は、商取引です。つまり一種の交渉です。
交渉は、こちらの「希望」だけでは成り立ちません。
まずは、こちら側が何ができるかを伝えましょう。
そして、話すことは事例ベースで具体性を持たせて。

今から面接までの短い時間でも、企業研究やアピールポイントなどを整理したかどうかで合否も大きく変わります。長い企業生活を左右することになるのが、〝たった数時間の努力〟なのです。

もし本番までの残り時間が少なくても、なるようになれ、ではなく、最善の努力をして志望企業を目指してください。

文庫本あとがき

この本が単行本として出版されてから、すでに5年がたっています。その間、就活中の大学生にも、転職活動をしている社会人にも購読いただき、版を重ねてのロングセラーとなりました。この本の内容は、１９９０年代後半から２０００年代前半に、私が企画スタッフとして、転職セミナーの運営に携わっていた時のノウハウがもとになっています。つまり、今からすると、もう10〜20年も前につくられたものです。単行本の刊行から5年たっても読者からのニーズは衰えず、文庫化にまで至ったこと、そこに1つの示唆があると、著者として感じています。

時代は変わり、テクノロジーが進化しても、基本的に企業の採用選考のポイントは変わらない。だから流行りものを追っかける必要などなく、きちんと基本を抑えて面接に臨めば、いつの時代でも採用に近づけるということなのでしょう。

旧版は、中国語でも現地語に翻訳されています。そう考えると、ここに書いた面接の基本は、世界でも通用するものだと思っています。むやみやたらに、流行のメソッドや応募ツールなどに関心を寄せるよりも、いつでもどこでも通用する、面接の基本を身につけることが、仕事探しの場面では一番大切なことだと、改めてお伝えしたいところです。

特別付録❶

5つの性格軸であなたの仕事スタイルを分析する「簡易診断シート」

第1章で書いた「5つの性格軸」に沿って、あなたはどんなスタイルで仕事を進めているかを知るための簡易診断シートです。以下、当てはまるものにチェックを入れてください。あなたもそれぞれの軸で、どちらに近いか、自己診断してみてください。

あなたの「強み」＝「弱み」がわかったら、「だから私は御社できっと○○ができるはずです」と言えるよう、事実で「肉付け」してください。

		スピード　該当数
1		食べるのが速く、歩くのも速い
2		よく時計を見る
3		決められたルーティンが多いといやになる
4		レジに並ぶときは一番短い列を必ず探す
5		列に並んでいるとき、前の人の動作が遅いとイライラする
6		釣り銭は小銭が少なくなるようにお札に硬貨を合わせて支払う
7		話が遅い人に対して「で、何が言いたいの?」とつい聞きたくなる
8		目的の店が満席だと、並ぶよりは他店に行く
9		「やることが雑だ、もっと緻密に」とよく言われる
10		エスカレーターで立ち止まって乗らず、歩くことが多い

↕

		緻密　該当数
1		仕事をミスなくこなすことにやりがいを感じる
2		スピードはあまり気にしないが、ミスを減らすことが大切だ
3		数字や書類の細かいチェックがわりと好き
4		その細かいチェックを長時間しても苦にならない
5		机の上がいつもきれいだ
6		パソコンのスクリーン上はいつも整理されている
7		書類や資料が整理されてどこにあるかすぐわかる
8		忘れ物や失い物が少ない
9		ペンやノートは全部使ってから次を買う
10		テレビのリモコンや携帯電話がどこにあるかすぐにわかる

評価の仕方　該当数:0～2……全く傾向なし　3～4……普通　5～10……強い傾向あり

	協調	該当数
1	自分の仕事が終わったら、周囲に「何かない?」と、とりあえず聞く	
2	「聞き上手だよね」と言われたことがある	
3	職場に新しい人が来たら、まず声をかける	
4	一番になることはあまり考えない	
5	目立つことはあまり好きではない	
6	指図するよりされる方が好きだ	
7	集団で行動するのが好きだ	
8	もめごとを起こすことが少ない	
9	年齢に関係なく相手を立てる	
10	自分勝手な行動は気が引けてできない	

↕

	競争	該当数
1	好きなことであれば、終電や徹夜も厭わない	
2	ささいなことでも、負けると悔しい	
3	目標や夢は大きくもちたいと思う	
4	注目を浴びる場では気持ちが高まる	
5	つい仕事上の手がら話をしてしまう	
6	仕事が忙しいと燃える、やりがいを感じる	
7	自分が勝っていると思うとホッとする	
8	表彰台に上るのはとても気分がよい	
9	担当以外の職務でも、いい仕事はとりに行く	
10	学級委員に立候補したことがある	

評価の仕方 該当数:0〜2……全く傾向なし　3〜4……普通　5〜10……強い傾向あり

		理性	該当数
1		いい・悪いははっきり言う	
2		世話になった人からの頼みごとでも、無理なことは無理と言える	
3		友人からプレゼントをもらっても、むやみに大げさに喜びはしない	
4		友人から悩み相談を受けた時、冷静に彼らの悪い部分も指摘している	
5		自分は「断り上手」だと思う	
6		職場の人間関係で悩むことはあまりない	
7		割り切って考えることはよいことだ	
8		討論で激しく対立しても、討論が終わればしこりは残さない	
9		「心情的にはわかるんだけどさ」という言葉をよく使う	
10		「冷たいな」と言われることがある	

↕

		情	該当数
1		一生懸命頑張っている人は、無条件に応援したくなる	
2		悲しい顔をしている友人がいたら、放っておけない	
3		親切にしてくれた恩は、絶対に忘れない	
4		人が喜んでくれるととても嬉しくなる	
5		誘いを受けると、予定があっても、なるべく行くようにしている	
6		口論で言い過ぎたあと、相手のことがけっこう気になる	
7		「頭ではわかるんだけどさ」という言葉をよく使う	
8		意見の異なる2人の間に入ると、どうしたらよいか困ってしまう	
9		争いごとがあったあとの仲直りには気恥ずかしさを感じる	
10		ショッピングで馴染みの店員に勧められると、つい買ってしまう	

評価の仕方　該当数:0〜2……全く傾向なし　3〜4……普通　5〜10……強い傾向あり

	思考	該当数
1	業務で問題を見つけると、まず、原因を考える	
2	行動をする前に、情報をよく集めるほうだ	
3	資格や語学などの試験を受けるのは嫌いではない	
4	家電や携帯などを買うと、いじるより前にまず説明書を読む	
5	旅行のときは、事前に観光・名産・飲食店などをよく調べる	
6	「当たって砕けろ」という言葉があまり好きではない	
7	ベッドやトイレの中で、仕事の続きを考えることがある	
8	物事の予想を細かく考えるのが好きだ	
9	「もしものことがあったら」「念のため」とよく言う	
10	「おまえのやることは計画倒れだ」と言われることがある	

↕

	行動	該当数
1	ゲームを買うと、マニュアルをざっと読むだけでまずやってみる	
2	「用意周到」「石橋を叩いて渡る」という言葉があまり好きではない	
3	休日に昼過ぎまで寝てしまったら、なんだかもったいない気分になる	
4	急に映画や旅行に行きたくなって、一人で出かけることがある	
5	理屈ばかりでモタモタしている人は嫌いだ	
6	仕事でもフットワークのよさには自信がある	
7	話題の「予約でいっぱいの店」、当日予約なしで行ってもなんとかなると思う	
8	「議論するより、まずはやってみましょう」と言いたくなる	
9	仕事もプライベートも、「思い立ったが吉日」がモットーだ	
10	「明日死んじゃうかもしれないから」とよく言う	

評価の仕方 該当数:0〜2……全く傾向なし　3〜4……普通　5〜10……強い傾向あり

		伝統 該当数
1		過去のやり方や常識を大切にする
2		同じ仕事をきちんと繰り返すことに、やりがいを感じる
3		目上の人や年配の人の意見は正しいと思う
4		危ない賭けはしないほうだ
5		前例にそって判断していけば間違いないと思う
6		人生は、「刺激」よりも「着実」のほうが大切だ
7		必要がなければ新たなものを欲しいとは思わない
8		新しい店を開拓するより、馴染みの店に何度も通うほうが好きだ
9		「マンネリ」を指摘されることがある
10		全く前例のないことをやるのは、気が引ける。

↕

		斬新 該当数
1		常識や鉄則なども、疑ってかかる
2		「今まで誰もやったことがない」と聞くと、ワクワクする
3		同じことを同じようにやり続けると飽きてくる
4		ゼロから作り上げる仕事が好きだ、あるいはぜひやってみたい
5		「変わってるね」というのはある意味、ほめ言葉だと思う
6		仕事を引き継いだら、自分なりの工夫を加えたいほうだ
7		ルールに対して、疑問や不満を感じることがよくある
8		「もっといいやり方があるはず」と従来の方法を疑ってかかるほうだ
9		おいしい店、楽しい店を知っていても「もっといい店」を探す
10		レポートや報告書は、定型のものより自分で全部つくるほうが好き

評価の仕方 該当数:0〜2……全く傾向なし　3〜4……普通　5〜10……強い傾向あり

特別付録❷ タイプ別「自己アピール」と「退職理由」整理シート

第1章の「5つの性格軸」と組み合わせると、タイプ別に「具体的な自己アピールと退職理由」を整理できます。右端の欄がもっとも大事ですが、そこに至るまでの思考過程も「見える化」しておきましょう。

いい話（具体的な事実）			届く言葉にする
どこで	何を	どのように	それがどのような好影響を及ぼすか?

自分の良いところ

よく言えば	仕事の進め方5つの軸	よく言えば	
緻密である	緻密 ⟷ スピード	結果を早く出す	
理性的	理 ⟷ 情	思いやりがある	
活動的	行動 ⟷ 思考	深みがある	
気を使う	協調 ⟷ 競争	引っ張る	
伝統を守る	伝統 ⟷ 斬新	明日を創る	

会社と合わないと思う事例

	どこが合わないか（対立軸を使う）	うまくやっている人は何を代償に？	自分が合わせようとした努力

今の会社と合わない理由

悪く言うと	仕事の進め方 5つの軸	悪く言うと	
慎重	緻密 ⟷ スピード	間違いが多い	
ドライ、非情	理 ⟷ 情	道理に合わない	
考えていない	行動 ⟷ 思考	理屈っぽい	
意思がない	協調 ⟷ 競争	支配的、勝手	
前例主義	伝統 ⟷ 斬新	新しもの好き	

特別付録③ 志望動機作成シート

志望動機となりうる9つの軸

企業研究とは、どのようにすればよいでしょうか? 調べるべき文献やウェブサイトについては、すでに書きました。では、「何を」調べればよいか。まず、あなたは、なぜこの企業に応募したいのか。その漠然とした気持ちを志望動機に変えたいがために、情報収集を始めるわけです。つまり、志望動機につながること、が集めるべき情報になる。では、志望動機につながる企業情報とは何でしょうか。そのほとんどが、以下の9つの話で構成されています。

①商品
②事業やサービス
③会社の歴史や伝統
④人材、社員の人柄や能力

⑤経営者の人柄や能力
⑥経営姿勢、方針
⑦マスコミでの報道。CMやニュースも含む
⑧ブランド、イメージ、評判
⑨社会貢献、文化活動

この9つの話を主に、情報を収集してみると、自分の志望動機につながるものが発見できる可能性が高い。しかし、情報収集に入る前に、まずは、自分の心を見つめなおすことを忘れないでください。自分はなぜこの企業を気に入っているのか。①〜⑨を頭に思い浮かべて、この企業のどこが気に入っているのかを、あらためて整理する。そして、どれが心にフィットしているかわかったところで、その具体的な話を、ネットや文献を見て探すのがよいでしょう。

自分の「この企業を気に入ったポイント」が9つの軸の中から見つかったら、その具体事例をネットや文献で探していきます。事例がいくつかたまったところで、「どうしてそんな事例が生まれるのか、その背景にある風土や環境」を考えてみましょう。背景が見えたら、それを具体的に示す言葉を記事や文献で探します。

たとえば、ある会社で斬新な商品が次々生み出されるのは、「新しいものを思考する風土がある」からという背景が見えたとします。次に、それが具体的な言葉になっているような記事を探します。そこで、3代目の経営者が常日頃口にしていた、「モノマネは価値がない。失敗してもいいから明日を目指せ」という一言に行き着いたとします。その経営者の名前と言葉と、それを発した場面をメモする。そして、その理念が、たとえば教育体制や、人事制度にどう盛り込まれているか、を探します。たとえば、その会社には「失敗表彰制度」があり、また、「目標失敗率」があったりする。だから、失敗を恐れず新しいことができる――こんな按配です。

企業情報収集シート

気に入った点	具体的な事例	どうしてそれらが生まれたか（風土・環境）
商品		
事業・サービス		
歴史・伝統		
人材		
経営者		
経営姿勢		
マスコミでの報道		
イメージ・評判		
社会貢献		

面接のときには

・「斬新な商品（具体名）が次々に開発される」社風に感銘したこと。
・それは、3代目社長の○○氏が発した「モノマネは価値がない、失敗してもいいから明日を目指せ」という言葉に象徴されること。
・それは、「目標失敗率」や「失敗表彰制度」などにより、教育再生産されるようにできている。
・私のようなチャレンジ好きな人間は、御社を志望する。

こう話せば、万全の志望理由になるはずです。なお、志望動機には、その会社を志望した動機ともう1つ、その仕事（職務）を志望した動機があります。こちらは、左のシートを使って整理してみるのがよいでしょう。

たとえば、あなたが、未経験ながらアパレル商社の広報を受験するとします。その場合、こんな具合で書いていきます。

仕事整理シート

❶思い描く職務内容	❷活用できる能力・経験

❸仕事を通して学びたい知識・経験	❹就職したあとの自分の将来像

①思い描く職務内容
アパレルの新作を報道陣向けに発表する。プロモーション用のフォトとスペックを用意して、それをパブとしてマスコミに配る。その記事が雑誌などに取り上げられやすいように、有名どころの編集部に実物を持ち込み、宣伝を行う。

②活用できる能力・経験
現在、営業としてハードな顧客折衝をしているので、売り込みには自信がある。アポなしでも編集部に飛び込み、プロモーションを行うことも全く恥ずかしくはない。同時に、1週間にファッション誌を4冊買って読み、「読者の目」は人一倍磨いてきた。商社やメーカーなど、つくる側に入っているとわからない「ユーザーの目」を武器に、編集部へアタックをかけたい。

③仕事を通して学びたい知識・経験
出来上がった洋服しか知らないため、企画・デザインが製品になるプロセスを学びたい。広報担当をやりながら、まずは専門用語を覚え、デザイナーやパタンナーの会話が理解できるようになったら、どんどん、製作現場に入っていくつもり。そして、新作をいち早く知り、プロモーションを早い段階で仕込んでいきたい。

④就職したあとの自分の将来像

こうして、洋服の企画段階から販売までをトータルで学ぶことにより、モノづくりと流行の関係を理解していきたい。広報という社内全体を見わたせるポジションで、マスコミとのリレーションだけでなく、現場感覚も磨いたうえで、もし目指せるなら、マーチャンダイザーとして、仕入れまで手がけ、トレンドをつくる人間になっていけたらうれしい。

著者略歴

海老原　嗣生（えびはら・つぐお）

雇用ジャーナリスト。立命館大学経営学部客員教授。１９６４年生まれ。大手メーカーを経てリクルート人材センター（現リクルートエージェント）入社。以後20年以上、リクルートグループで雇用に関する取材、研究、提言をおこなってきた。現在、リクルートキャリア社のフェローとして同社発行の人事・経営誌『ＨＲミックス』の編集長を務める。経済産業研究所制度改革プロジェクトメンバー。奈良県行革推進プロジェクト人財マネジメント部会長。『2社で迷ったらぜひ、5社落ちたら絶対読むべき就活本』（プレジデント社）、『なぜ7割のエントリーシートは、読まずに捨てられるのか？』『もっと本気でグローバル経営』（ともに東洋経済新報社）、『女子のキャリア』（ちくまプリマー新書）、『雇用の常識 決着版―「本当に見えるウソ」』（ちくま文庫）、『無理・無意味から職場を救うマネジメントの基礎理論』（プレジデント社）など著書多数。

―――本書のプロフィール―――

本書は単行本『面接の10分前、1日前、1週間前にやるべきこと』を加筆・再編集し、文庫本として刊行したものです。

文庫化にあたって、以下の章を新たに追加しました。

第6章　就活の常識「本当に見えるウソ」

初出　日本経済新聞夕刊「就活のリアル」
（2015年5月〜2016年4月まで連載）
＊日本経済新聞社の許可を得て再掲載しています。

小学館文庫プレジデントセレクト

面接《めんせつ》の10分前《じっぷんまえ》、1日前《いちにちまえ》、1週間前《いっしゅうかんまえ》にやるべきこと

著者　海老原《えびはら》 嗣生《つぐお》

二〇一六年五月十二日　初版第一刷発行

発行人　菅原朝也
発行所　株式会社 小学館
〒一〇一-八〇〇一
東京都千代田区一ツ橋二-三-一
電話　販売〇三-五二八一-三五五五
編集（プレジデント社）
〇三-三二三七-三七三二
印刷所――大日本印刷株式会社

ISBN978-4-09-470004-6